働く意味とキャリア形成

谷内篤博

Working Life
Family Life
Social Life

勁草書房

はしがき

現代の社会においては多様な職業が存在しており、それらを介して多様な働き方が展開されている。ある人は派遣労働という働き方を選択し、ある人はテレワークやＳＯＨＯという働き方を選び、ある人は契約社員という働き方を選択している。

かつては終身雇用が一般的で、安定した雇用関係のなかで正社員として定年までつつがなく勤め、定年退職に際して支給される退職金をもとに老後の生活設計が行なわれていた。こうした時代においては、われわれの人生や生活は仕事中心に成り立っており、職業生活における成功や充実が生きがいとなっていた。働く人びとは定年までの職業生活に多くのエネルギーを注ぎ込み、定年後は燃え尽き症候群（バーンアウト・シンドローム）に見られるように、目標を見失い、無味乾燥な日々を送る人びとが多かった。定年後の離婚や家庭内のトラブルが多いのは、どうやらこの辺に原因があると思われる。

しかし、その一方で最近では、経営悪化にもとづくリストラ、アウトプレイスメントの断行や労働の需給バランスを維持するための出向・転籍の増加などにより、終身雇用が実質的に崩壊し、キャリア、なかでも自律的なキャリアに多くの関心があつまりつつある。

これまでのように、企業が自らの責任で従業員に教育を施してくれる時代は終わり、これからは会社に依存するのではなく、自分のキャリアは自らの手で作り上げていくという自律的な生き方がより一層求められている。

また、若年層においては、仕事志向の高まりにともない、会社との緩やかな関係（間接統合）を希求するとともに、こうした個人の自律・独立志向に裏打ちされたプロフェッショナル志向が芽生え始めている。若年層を中心とする転職行動の高まりはこれを物語っている。このようなプロフェッショナル志向が自律的なキャリア形成への関心をさらに加速させていると言えよう。

さらに、三菱自動車や旧ミドリ十字などの不正事件を背景に、コンプライアンスや企業の社会的責任（Corporate Social Responsibility）に対する関心も急速に高まっている。このような関心の高まりは、従来の経済性のみを追求する経営スタイルに大きな反省をせまるとともに、経済性と人間性をバランスよく同時追求するエレガント・カンパニーに対する期待感を募らせている。エレガント・カンパニーでは、3L、すなわちWorking Life（労働生活）、Family Life（家庭生活）、Social Life（社会生活）の充実が追求されており、仕事生活以外にも配慮すべきことが指摘されている。こうした3Lの充実をはかっていくためには、キャリア設計においてもワークキャリアに狭く拘泥することなく、ライフキャリアとの統合が強く求められる。

本書では、こうした多様な働き方やキャリアに対する関心の高まりなど、われわれの職業生活をめぐる新しい動きに対し、働くことの本質論、キャリア発達論、さらにはキャリア設計論などの視点から、そこにおけるさまざまな問題を明らかにするとともに、その解決策を論じる。

働くことに関しては、これまで哲学や倫理学、あるいは職業社会学の視点から論じられることが多く、キャリア形成やキャリア設計と結びつけられて論じられることは比較的少なかったと言わざるをえない。

本書は、働くことの本質を明らかにすると同時に、キャリア形成との関連についてもワークキャリアとライフキャリアの統合の観点から論じており、働くことの意味やキャリアに関して出版されている多くの書籍とはやや趣を異にしている。

こうした特色を有した本書が、就職活動を控えた大学生、転職や早期退職を考えているビジネス・パーソン、どういう働き方が自分にあっているのか迷っている人びと、自分の進路やキャリア設計に苦慮しているフリーター、ニート、さらにはキャリア教育やキャリア・カウンセリングに携わっている人びとなど、幅広い人びとにお読みいただき、議論していただく材料になることを念じてやまない。

最後に、本書の出版にあたっては、今回も企画・進行をお引き受けいただいた勁草書房の町田民世子さんに記して厚く御礼を申し上げたい。出版事情が大変きびしいなか、前著『大学生の職業意識とキャリア教育』に引き続き、今回も刊行の運びとなったのは、町田さんのご尽力の賜と衷心より感謝申し上げたい。

二〇〇七年一月

谷内　篤博

働く意味とキャリア形成／目　次

第一章　働く目的と職業の意義

1　働くことの意味、目的とは何か

日本人は「勤勉である」とか、「働きすぎである」とか、よく欧米人より指摘されたり、揶揄されたことがある。日本人の「仕事中毒」（ワーカーホリック）、「働きバチ」ぶりは、わが国経済の強さを象徴するもので、欧米諸国から見れば脅威に映るのも無理からぬことである。実際、一九八七年の「新前川レポート」で、国際協調と国民生活の向上の観点から欧米なみの労働時間の短縮（年間総労働時間一八〇〇時間）が欧米との経済摩擦の回避策の一つとしてわが国の政策目標に掲げられた。

しかし、その一方で最近では、フリーターやニートに代表されるように、若者の間で働くことに対する情熱や意欲が低下し、団塊の世代の定年問題との関連で、技能の伝承や若年労働力不足が懸念され始めている。こうした若者の働くことに対する情熱や意欲の低下の背景には、団塊の世代や中高年層を対象にしたリストラの影響で、将来に対する希望や期待をもちづらくなっていることや、仕事と家庭の両立志向の高まりなどがあるものと思われる。つまり、若者には「勤勉」や「働きすぎる」という言葉は、自分たちの将来の夢や希望につながらず、むしろ古くさく時代遅れなものと敬遠されるようになっているものと思われる。

ところで、一体なぜ多くの日本人は勤勉で働きすぎという現象に陥ってしまうのか。欧米人と比較してどんな働き方をする傾向があるのか。また、若年層はなぜ働くことに情熱を注がなくなってしまったのか。さらに、そもそも人間はなぜ働くのか、働くことは人間にとってどんな意味をもつのか。そこで、本章ではまず、働くことの意味や目的といった本質的な問題に取り組み、次いで日本人と欧米人の働き方を比較していく。

働くことの意味、目的

日常生活のなかで、われわれ人間はある目的に向かって活動し、行動する。働くということも広い意味で活動するなかに含まれる。ある人は経済的な豊かさを求めて働き、ある人は自分の夢を実現するために働き、ある人は社会や世の中に貢献したくて働くなど、働く目的や働き方は人それぞれによってさまざまである。

図表1-1　働く目的

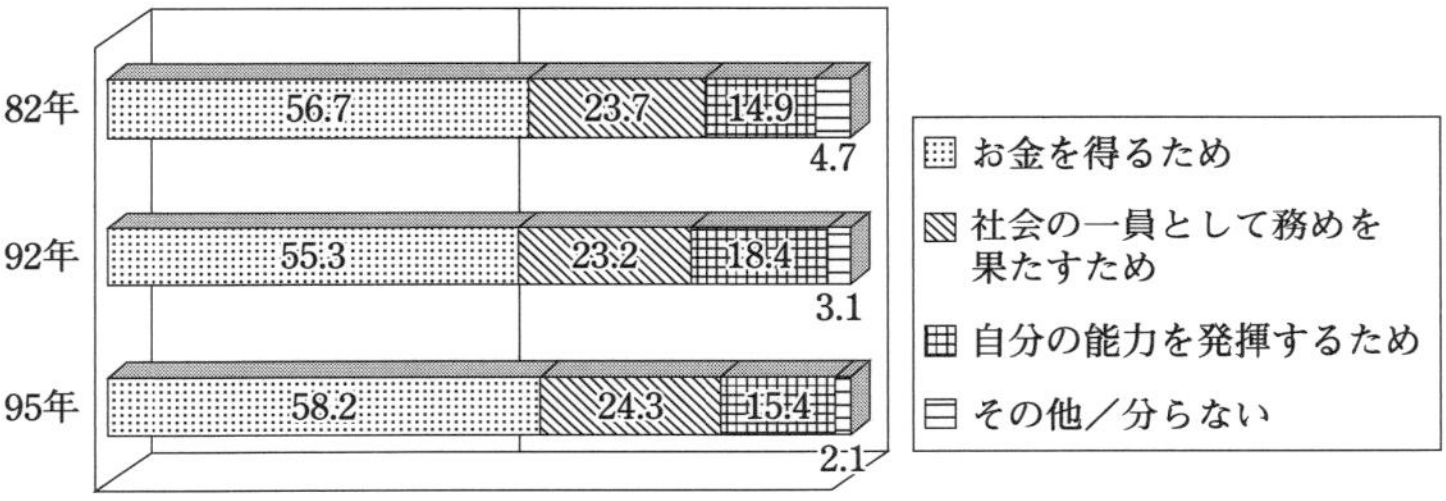

出所：内閣府「勤労意識に関する世論調査」(1982年)，同「勤労と生活に関する世論調査」(1992年)，および同「今後の新しい働き方に関する調査」(1995年)

内閣府が定期的に実施している「勤労意識に関する調査」によれば、図表1-1に見られるように、働く目的は「お金を得るため」が断トツの第一位で、以下「社会の一員として、務めを果たすため」「自分の能力を発揮するため」が続いている。

それに対し、社会経済生産性本部と日本経済青年協議会が合同で、昭和四六年（一九七一年）以降行なっている「新入社員働くことの意識調査」においては、少し異なる結果が出ている。図表1-2からもわかるように、「楽しい生活をしたい」が最も多く、以下「自分の能力をためす生き方をしたい」「経済的に豊かな生活を送りたい」が続いている。新入社員の働く目的は経済的な事由よりもむしろ仕事とプライベートの両立志向が中心となっている。

このように、働く目的は人によりさまざまであるため、おのずと働くことの意味も人により異なる。つまり、「働く」という行為は極めて個人的なものであり、普遍的な概念定義は難しく、仮に定義したとしても一般論的なものとなり、あまり意味のないものとなってしまう。ただ、間違いなく言えることは、

図表1-2　新入社員の働く目的（上位3以内）

働く目的について，あなたは，次のどれが自分の考えに一番近いと思いますか。（%）

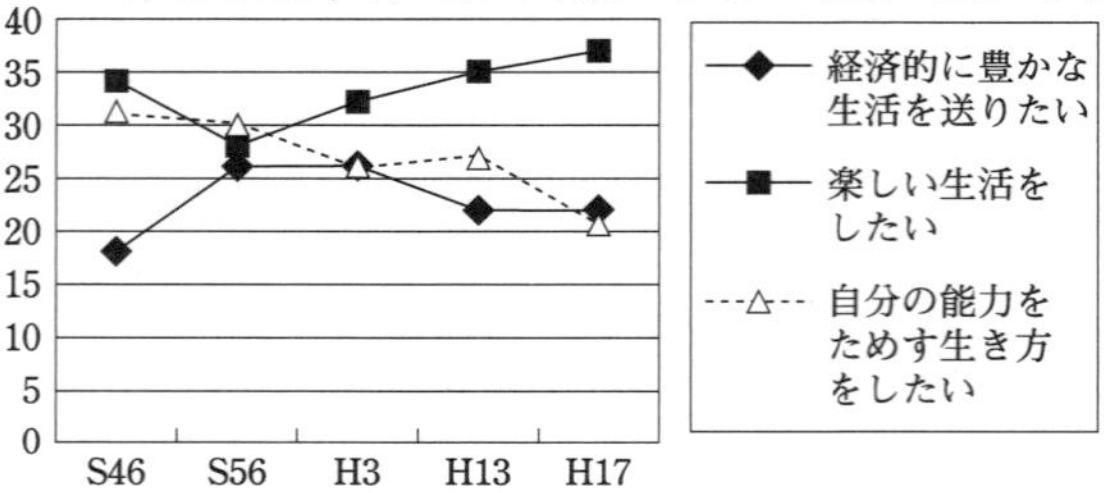

出所：社会経済生産性本部，日本経済青年協議会「新入社員働くことの意識調査」の各年資料より作成。

人間は生活していくために働く必要があり、労働という行為（活動）を通して自らの存在意義を確かめている。言い換えるならば、働くということは一方で個人の生活基盤を支えるとともに、他方で自らのアイデンティティを確立させるために必要不可欠な活動である。

論者によっては、「働くこと」そのものには意味はなく、「自分が働くことによって、自分や自分以外の何らかの対象に与えるさまざまな影響」が個々人に「働くことの意味」をもたらしてくれることを指摘する意見もある。[1] 働くことの意味は働く対象に与える影響によって規定されるというわけである。

しかし、こうした働くことの目的や働く対象に与える影響により、「働くことの意味」が規定されるという論議では、残念ながら「働きすぎ」や「仕事中毒」は説明することはできない。一般的に、経済学や人的資源管理の理論に従えば、働くこと、すなわち労働は労働力を提供した対価として生活に必要な財貨（賃金）を獲得するためのいわば手段的活動であると考えられている。したがって、労働の対価としての賃金がある水準に到達すれば、おのずと労働の提供を減少させることとなる。しかし、こうした考え方とは裏腹に、長時間労働や労働の過剰が発生している。

さらに、わが国のように経済発展を遂げ、賃金水準が上昇し社会全体が豊かになれば、われわれ人間の基本的欲求は精神的欲求の充足や労働生活の質的向上を希求するようになる。この点からも働きすぎや過剰労働は説明しにくい。

杉村芳美氏（一九九〇）は、こうした働きすぎや長時間労働をめぐる疑問に対し、過剰労働を目的達成のあとにさらに続く労働、目的とは無関係に進められる労働と位置づけ、労働のための労働、すなわち「自己目的化した労働」と称している。つまり、過剰労働は労働自体のなかに目的が見出された労働で、労働そのものに意味があり、労働意欲は無制限に引き出されることとなる。(2)

ところで、果たして日本人は欧米人よりも本当に働きすぎだろうか。日本人の日常生活の中で仕事の占めるウエイトは圧倒的に高いのだろうか。

働くことの意味の国際比較

そこで次に、日本人の働き方や働くことの意味を欧米と比較して見ていく。働き方や働くことの意味に関する調査・研究は少ないため、データは少し古くなるが三隅二不二氏らの調査結果を通して分析していく。

三隅氏らは「働くことの意味（Meaning of Working Life：以下、ＭＯＷと略記）に関する国際比較調査プロジェクト」(3)の一環として、一九八一〜一九八三年、一九八九〜一九九一年の二回にわたり調査を実施した。

調査は「働くこと」が日常生活全体の中でどの程度中心的な位置を占めているのかという仕事中心性に焦点があてられ、実施された。(4)本書では、こうした仕事中心性に関する質問項目の中で、仕事の相対的重みづけと絶対的な重要度の観点から、働くことの意味すなわち勤労観に関する違いを明らかにするため、二つの質問項目に焦点をあてて見ていく。

仕事中心性の相対評価

一つ目の質問項目は仕事中心性の相対評価に関するもので、一〇〇点配分法が使用されている。これは生活領域において、レジャー、仕事、地域社会、仕事、宗教、家族という五つの重要度に合計一〇〇点の点数を配分するもので、仕事に配分された点数で仕事中心性を相対的に測定するものである。

図表1-3からもわかるように、ベルギーを除く三ヵ国において、二回の調査を通して仕事中心性が低下していることがわかる。調査対象の四ヵ国の中で、日本の仕事中心性が最も高い。なかでも象徴的なのは、日本を除く三ヵ国に見られるように、家族中心性への配分得点が最も高くなっている点である。

図表1-4は仕事中心性への得点が、二〇点未満、二〇〜三九点、四〇〜五九点、六〇点以上の

図表1-3　100点配分法による仕事中心性

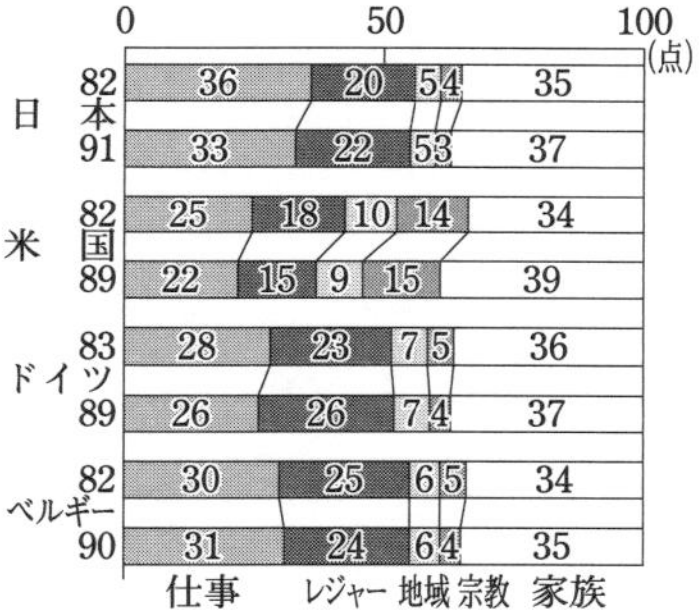

図表1-4　仕事中心性の点数ごとの区分

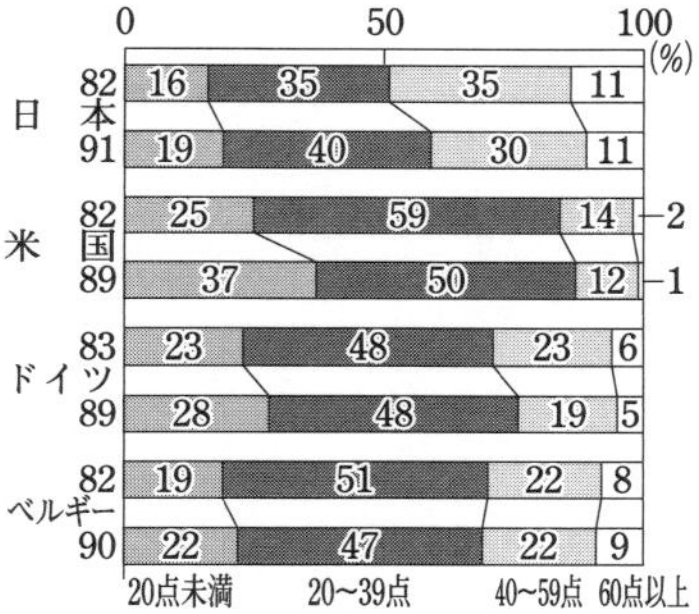

出所：三隅二不二，矢守克也「日本人の勤労価値観」『組織科学』Vol.26 No.4, 1993, 85-86頁

人の割合を示したものである。これを見れば、四ヵ国とも仕事に二〇点未満の点数を配分する傾向が増加している様子がわかる。特に日本において、仕事に対する点数が四〇〜五九点と六〇点以上とする仕事中心性の高い層が大きく低下している点が特徴的である。

仕事中心性の絶対評価

もう一つの質問項目は、仕事の重要度を七段階尺度で尋ねたもので、仕事中心性の絶対評価を表している。

図表1-5によれば、ベルギーを除く三ヵ国において、絶対評価に基づく仕事の重要性が低下傾向にあり、一〇〇点配分法による仕事中心性の相対評価と同様の結果となっている。四ヵ国の中で、わが国の仕事中心性に対する評価が最も高く、次いでアメリカが続く。仕事中心性の相対評価と絶対評価において、日本の場合には大きな違いは見られないが、アメリカでは違いが見られる。

アメリカは一〇〇点配分法による仕事中心性は四ヵ国の

図表1-5　7段階尺度による仕事中心性の絶対評価

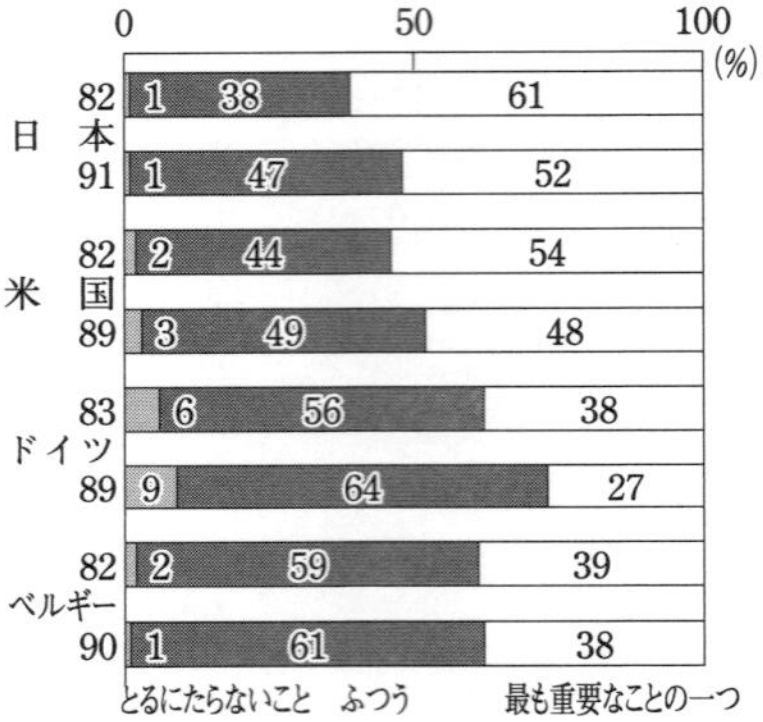

出所：三隅二不二，矢守克也「日本人の勤労価値観」『組織科学』Vol.26 No.4, 1993, 88頁

中で最も低かったにもかかわらず、七段階尺度による絶対評価では仕事中心性が日本に次いで二位で、数値的にはわが国に近い。こうした点から、アメリカにおいては、必ずしも仕事が軽視されているわけではないことがわかる。(5)

このように、わが国の仕事中心性は、一〇〇点配分の相対評価、七段階尺度による絶対評価のいずれにおいても、調査対象の四ヵ国の中で最も高いものの、その割合は徐々に低下しつつある。つまり、欧米から非難や揶揄された「働きバチ」的・「仕事中毒」的日本人は減少しつつある。

同じような結果は、NHK放送文化研究所の「日本人の意識調査」においても指摘されている。最新の同調査によれば、調査開始の一九七三年に四四%であった「仕事志向」が二〇〇三年度の調査においては、二六%と大きく低下している。それに対し「仕事と余暇両立志向」は二一%から三八%と大きく増加している。(6)

以上の点をまとめるならば、欧米と比較すると日本においては、仕事中心性は依然として高いものの、日常生活におけるそのウエイトは欧米と同様に、徐々に低下傾向にあり、仕事と余暇の両立志向が強まりつつあると言える。

2　職業観の変化(7)

わが国における職業観の変化の諸相を、会社観・組織観、職業意識、ワーキング・カルチャーの三つの視点から、中高年層と若年層とを比較しながら見ていく。

(1)会社観・組織観の変化

中高年層の会社観・組織観

中高年層の会社観・組織観は、「帰属意識」に裏打ちされており、「一つの組織に帰属し、そこから人生に必要なものすべてをまかなっていく」という点に大きな特徴がある。その中心的価値は、会社の忠誠心や職場への貢献、さらには上司への貢献といったものを重視する「自己犠牲」にある。こうした滅私奉公型の帰属意識に裏打ちされた中高年層の会社観・組織観は、個人と組織の直接統合(8)を希求しており、個人の組織に対する最大限のコミットメントが必要不可欠となる(図表1-6)。

このような帰属意識に裏打ちされた中高年層は、グルドナー(Gouldner, A.W.)のローカル(locals)に類似している。ローカルは、所属組織へのロイヤリティは強いが、専門的技術へのコミ

図表1-6　直接統合の概念

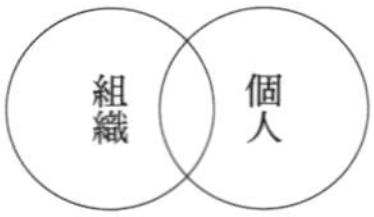

図表1-7　中高年層の社会との関わり方

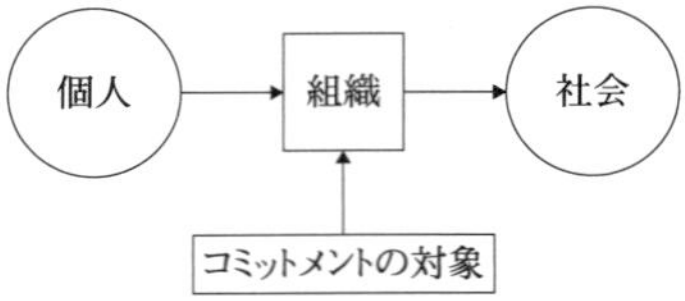

資料出所：太田肇『仕事人の時代』新潮社，1997年，151頁

ットメントは低く、自分の専門よりも所属組織との一体化を強く志向している点にその特徴がある。同様のことが直接統合の場合にもあてはまり、直接統合においては組織目標への最大限の貢献を望むあまり、専門性の次元における能力発揮や蓄積が軽視されてしまう危険性がある。

また、組織に対して強いロイヤリティをもった中高年層は、組織内部における昇進に強い関心をもつと同時に、キャリア志向性も組織との一体化が強く求められる管理職やゼネラリスト志向が強くなる。

こうした中高年層の会社観・組織観を図式化すると、図表1-7のようになる。ここからも明らかなように、中高年層は組織に対するハイ・コミットメントに基づき、組織を中心に社会と関わっている。このような会社観・組織観が「場」[9]を強調する日本の社会を形成している。

「場」を重視する中高年層は、外に向かって自分を社会的に位置づける場合、エンジニアやセールスマンというような資格よりも、○○会社の者であると「場」を優先してしまう。場を優先する会社観・組織観が「うちの会社」表現に代表されるように、会社を運命共同体化するとともに、強い企業意識を醸成していく。まさに、テンニース（Tonnies, F.）の提唱する「ゲマインシャフト」[10]の概念に近いものとなる。

このような場の論理を優先する企業意識は、一方で中高年層に個人のもつ資格や専門性よりも会社との一体化を促し、他方で自分の会社を客観化できなくさせてしまう。その結果、職業倫理に欠けた企業戦士あるいは会社人間が生み出され、会社の利益を守るためなら、不正行為にすら加担する。昨今の企業をめぐる不正事件はこのようにして発生したものと思われる。

若年層の会社観・組織観

こうした中高年層に対し、若年層の会社観・組織観は、「所属意識」に裏打ちされており、「いくつかの組織に所属し、それぞれのところから必要なものを手に入れていく」という点に大きな特徴がある。その中心的価値は、会社への忠誠心よりも仕事への忠誠心、会社への貢献よりも自分の業績、上司への貢献よりも自分の損得といったものを重視する「自己利益」にある。関本、花田らの長年にわたる帰属意識の研究（一九八五、一九八六）においても、自己の権利・考えを押し出す「自己実現型」、功利のみを追求する「功利型」のようなタイプの帰属意識が若年層の主流になっていくことが指摘されている。

このような自己利益を重視する所属意識に裏打ちされた若年層の会社観・組織観は、仕事を媒介とした個人と組織の間接統合を希求しており、個人の仕事に対する最大限のコミットメントが必要不可欠となる（図表1-8）。つまり、若年層は自分の仕事と一体化し、仕事を通して自分の目的を達成するとともに、会社に貢献しようとしている。これはグルドナーのコスモポリタン（cosmo-

図表1-8　間接統合の概念

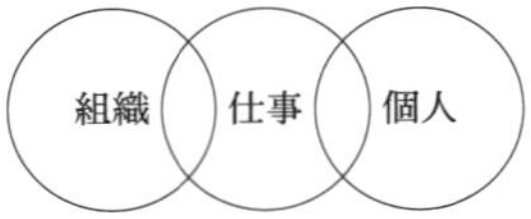

図表1-9　若年層の社会との関わり方

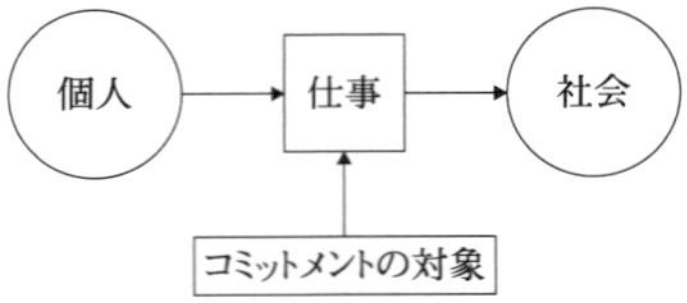

資料出所：太田肇『仕事人の時代』新潮社，1997年，151頁

politans）や太田氏の「仕事人モデル」に類似している。コスモポリタン、仕事人いずれも自分の専門的技術に対するコミットメントが強いが、所属組織に対するロイヤリティが低く、準拠集団が組織の外部に存在している点に大きな特徴がある。

このように、仕事志向性の強い若年層は、コスモポリタンや仕事人と同様、会社や組織に対する帰属性は低く、自分の専門性や自己の専門性に対する市場価値（market value）に強い関心がある。したがって、キャリア志向も当然、スペシャリストやプロフェッショナルとしての志向性が強い。最近の若年層の転職志向の高まりはこうした組織観・会社観が影響しているものと考えられる。

若年層の会社観・組織観を図式化すると、図表1-9のようになる。図表1-9からも明らかなように、若年層は自分の専門技術や仕事に対するコミットメントが高く、仕事を介して社会と関わっている。こうした仕事志向の若年層は、場を強調する中高年層とは異なり、「資格」を重視する方向に進んでいくものと予想される。

仮に、若年層を中心に「資格」を重視する傾向が強まれば、わが国においても「職業意識」が醸成され、会社を客観化することが可能になる。さ

図表 1-10　若年層と中高年層の会社観・組織観の比較

中高年層の会社観・組織観	若年層の会社観・組織観
帰属意識	所属意識
滅私奉公の美徳化	滅公奉私（仕）の美徳化*
「場」を重視	「資格」を重視
企業意識	職業意識
組織内での昇進を重視	市場における評価・評判
管理職、ゼネラリスト志向	スペシャリスト、プロフェッショナル志向
↓	↓
終身雇用	短期雇用

＊　滅公奉私（仕）の仕は「仕事」を意味している。

らに、職業意識は企業意識とは異なり、企業の枠を越えうる可能性が大きいため、わが国においても本格的な職業倫理や横断的な労働市場が生まれてくる可能性がある。

若年層の企業観・組織観を中高年層と比較しながら見てきたが、両者の違いをまとめると、図表1-10のようになる。

(2) 職業意識の変化

中高年層と若年層の職業意識の比較

戦後生まれの中高年層の職業意識の根底にあるのは、物的豊かさ（to have）を希求する水平的価値観である。職業選択においても横並び意識が強く、とにかく物的豊かさが可能となる大企業や安定した企業に入ることが主たる目標となっていた（図表1-11）。したがって、入った会社で担当する仕事については事前にほとんど意識されることはなく、採用も出身大学や人間性などの個人属性を重視する全人格的な採用が中心となっていた。こうした中高年層の職業意識は、まずは会社に入ることこそが目的となる、「就社」であった。

図表 1-11　職業意識の変化

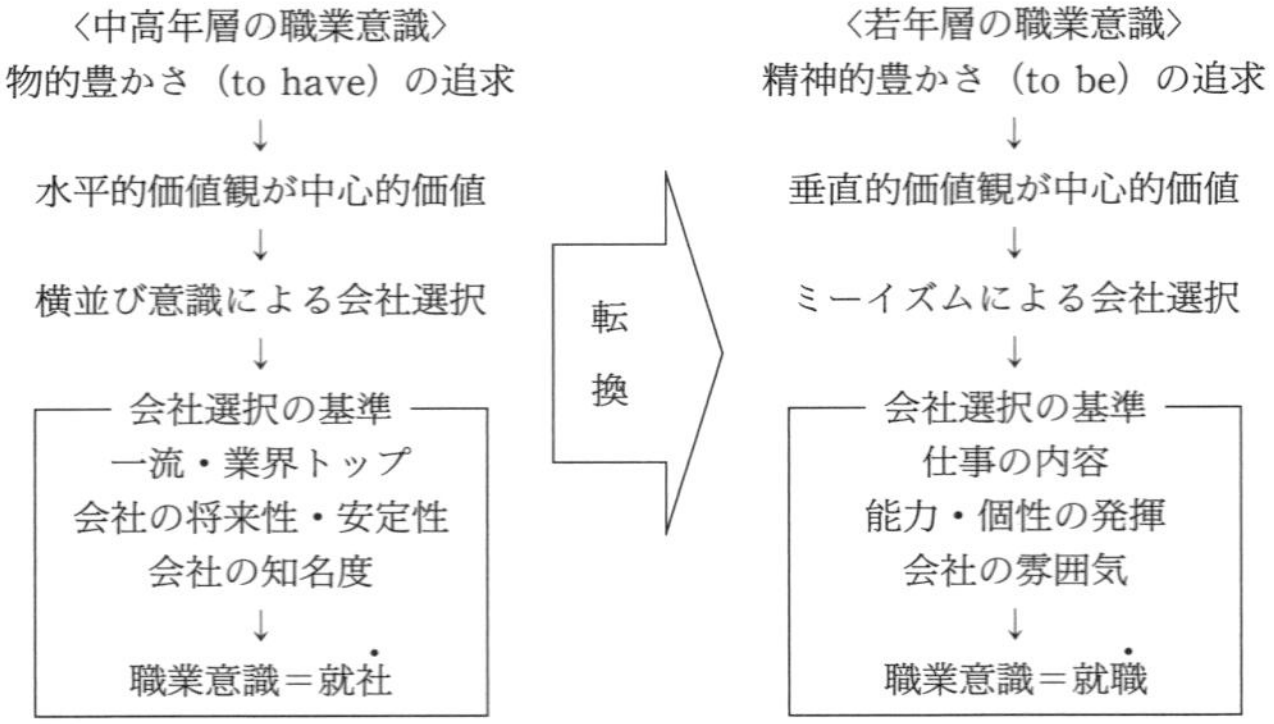

　それに対し、若年層の職業意識の根底にあるのは、精神的豊かさ（to be）を希求する垂直的価値観である。職業選択においても自分の能力・個性が活かせるかどうかを重視する会社選択が行なわれる（図表1-11）。したがって、若年層においては、「どこの会社に入るか」ではなく、入った会社で「どんな仕事ができるか」「その仕事は自分にあっているか」などが重視される。最近、先進的な大企業を中心に、仕事を限定した採用システムである職種別採用やオーダー・エントリー・システム（Order Entry System、略称ＯＥＳ）が導入されつつあるのは、このような若年層の職業意識の変化に応えていくためである。こうした若年層の職業意識は、どこの会社に入るかよりも、入った会社でどんな仕事ができるかを重視する意味で、まさに「就職」である。

　こうした若年層の職業意識の変化は、電通が実施した「大学生の就職に関する意識調査」（一九九一年）からも同様の結果が得られる。これによれば、最近の大学生の会社選択の基準は「仕事にやりがいがある」がトップで、そうした大学生の就職意識を「質実柔健」の会社選びと呼んでいる。「質」は、質の高い仕事ができる会社、「実」は給与や福利厚生などが充実した実益のある会社、「柔」は柔らかい企業風土の会社、「健」は世間のためになるような健全な企業経営を行なっている会社を指す。

(3)ワーキング・カルチャーの変化

われわれが仕事の意義や職業の価値をどう認識しているかは、余暇に対する考え方や見方を通して把握することができる。「余暇」とは、仕事を離れた自由な時間とか暇な時間と定義され、日常の仕事の疲れや疲労を休養や娯楽でいやすことと考えられる。先進的な企業で導入されつつあるリフレッシュ休暇は、長期勤続者に対する心身のリフレッシュが主なねらいとなっている。

中高年層の「労働と余暇」観

確かに、会社に対する帰属意識に裏打ちされた中高年層は、モーレツ社員や企業戦士として会社のために寸暇を惜しんで仕事に励み、日本の高度経済成長を支えてきた。長時間労働が日常化した彼らにとっては、酷使した肉体（身体）や精神を休めるために、余暇は必要不可欠であった。つまり、中高年層にとって余暇とは酷使した肉体や精神を休め、労働を再生産するためのものと考えられていた。

図表1-12　労働・余暇観の変化

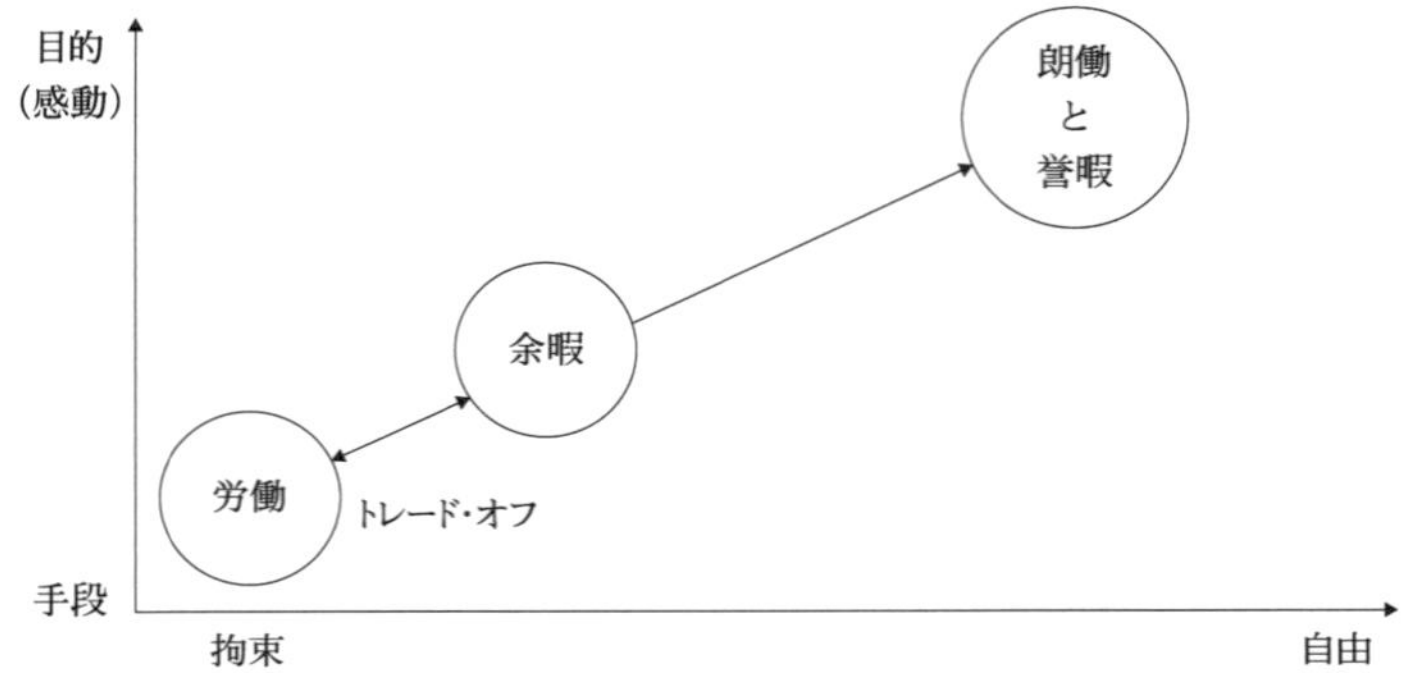

出所：根本孝・G. G. Poeth『カンパニー資本主義』中央経済社，1992年，212頁を参考に作成

図表1-12はこうした中高年層の労働・余暇観を表している。これによれば、中高年層は生活のために労働を余儀なくされ、その対価として賃金を獲得している。したがって、労働はおのずと生活維持のための手段でかつ時間的・精神的拘束を受けるものとして捉えられていた。余暇はこうした労働力を再生産するための精神的・肉体的休息であり、いわば明日の仕事のための英気、活力の回復と位置づけられ、両者はトレード・オフの関係にあった。つまり、余暇は労働と独立的な生活領域であり、相互に関連性はなく、対概念として捉えられていた。

このように見てくると、中高年層の労働・余暇観は一方では労働の拘束性と手段性を、他方では余暇を労働から解放された時間とする労働と余暇の分離性を強調していると言えよう。

若年層の「労働と余暇」観

しかし、果たしてわれわれは生活維持のためにのみ働

図表1-13　生年別仕事・余暇両立志向

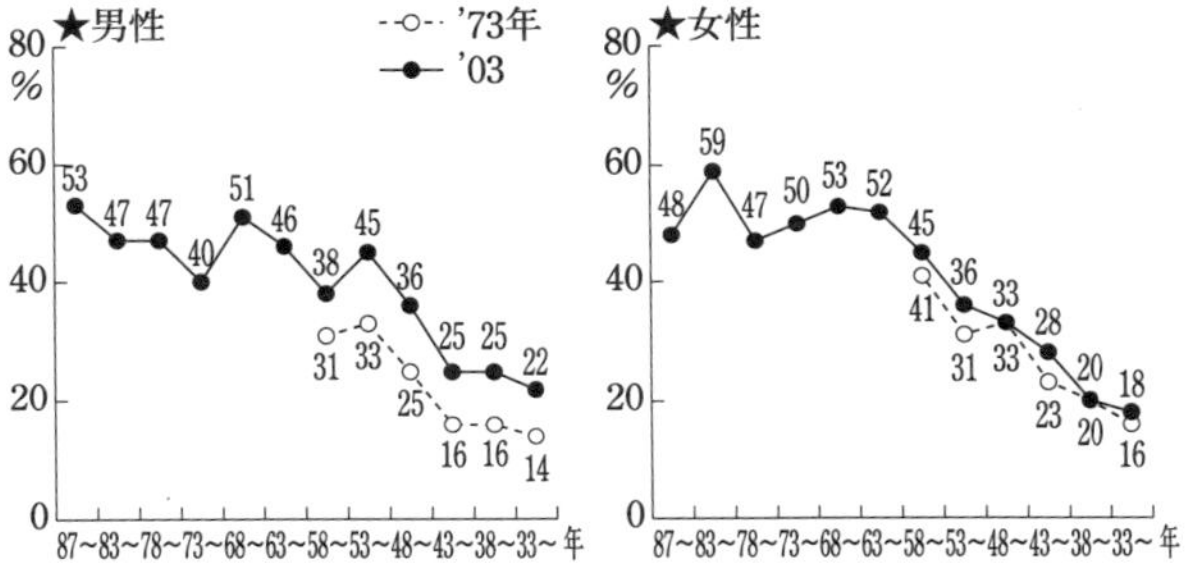

出所：NHK放送文化研究所編『現代日本人の意識構造〔第6版〕』日本放送出版協会，2004年，161頁

くのだろうか、あるいは労働と余暇を完全に分けて捉えることができるのだろうか。私が長年にわたって関わってきた情報系の大手出版社や旧労働省の調査などでヒアリング調査で訪問したベンチャー企業やコンテンツ制作などのソフトウエア産業では、社員は仕事すること自体が楽しく、仮に長時間労働であっても精神的拘束や不自由さを感じることはほとんどない。また、そうした企業で働く人びとは仕事だけではなく、余暇や遊びにも寛容で、仕事と余暇、遊びの両方をむしろ楽しんでいる感すらある。

　こうした現象は産業においては一部偏りが見られるものの、若年層に共通的に見られるもので、これまでの労働と余暇の分立説や労働の手段説に代わる新しい労働・余暇論が必要と思われる。根本孝氏（一九九二）は、若年層には労働と余暇はそれぞれ独立性を保ちつつ、相互関連的であり重なり合った部分をもっているとする「重合説」が望ましいと主張する。[11]

　労働と余暇の「重合説」は、二つの調査からもその妥当性が裏づけられる。一つはＮＨＫ放送文化研究所の「日本人の

図表1-14　仕事と生活の両立志向

あなたは仕事と生活について，どちらを中心に考えていますか。（%）

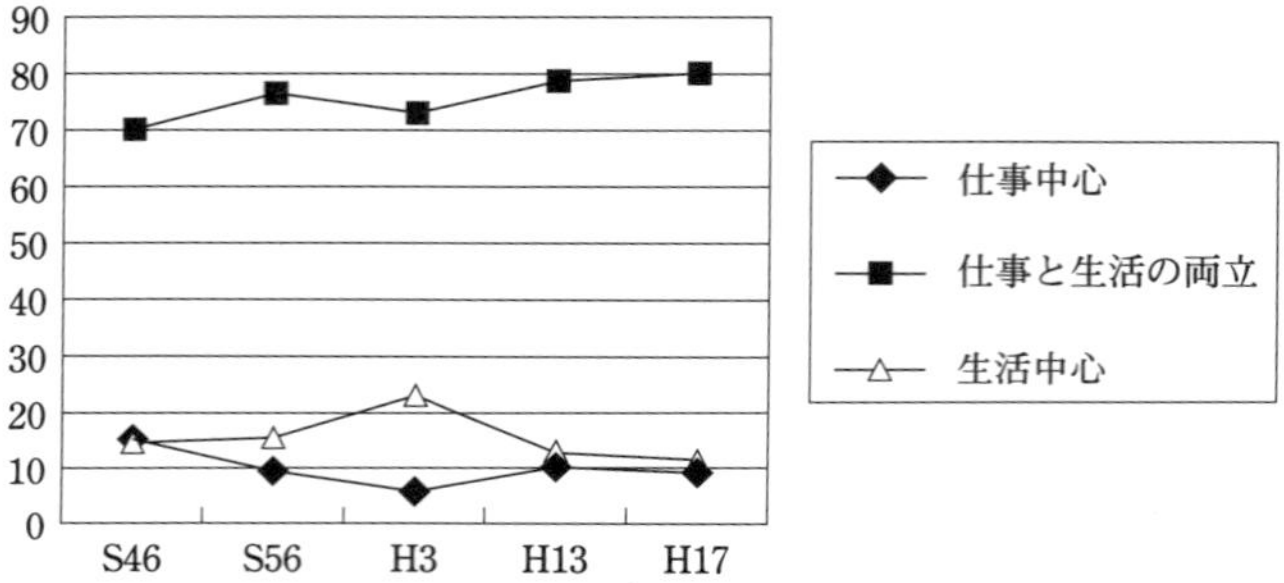

出所：社会経済生産性本部，日本経済青年協議会「新入社員働くことの意識調査」の各年資料より作成

意識調査」である。前述したように、二〇〇三年の同調査によれば、仕事志向が大きく低下している反面、「仕事と余暇両立志向」が大きく増加している。図表1‐13はこうした仕事と余暇両立志向を生まれた年を基準としてグラフ化したものであるが、これによれば仕事と余暇の両立志向は男女とも、若年層の方の割合が高く、高年層になるほどその割合が大きく減少している。つまり、新しい若い世代ほど仕事と余暇の両立志向が強く、それが中年層まで維持されるものの、高年層になると大きく低下している。

もう一つは社会経済生産性本部と日本経済青年協議会の「新入社員働くことの意識調査」である。図表1‐2によれば、新入社員の働く目的としては、「楽しい生活をしたい」が最も多い。同様の結果が仕事と生活に関しても出ている。図表1‐14によれば、同調査がスタートした当初（一九七一年）は、「仕事と生活の両立」志向が七〇％で、「仕事中心」「生活中心」がそれぞれ一五％ずつであったものが、二〇〇五年には「仕事と生活の両立」が八〇％に大きく増

図表 1-15　中高年層と若年層の労働・余暇観の比較

	中高年層の労働・余暇観 （労働と余暇）	若年層の労働・余暇観 （朗働と誉暇）
仕　　事	つらく苦しい 自己犠牲 皆で一緒に 勤務時間・場所は固定 職務は固定的・限定的	いきいきと面白い 自己表現、個性の発揮 各々の個性に応じて フレックス 職務は選択的
余　　暇	できるだけ少なく 休息、労働力の再生産 仕事に合わせて	たっぷり 自己表現、自己投資 計画的に

出所：根本孝・G.G. Poeth『カンパニー資本主義』中央経済社、1992年、215頁を参考に作成

加し、「仕事中心」が九％、「生活中心」が一一％となっている。

このように、若年層は労働と余暇を分離せず、両者の両立志向、すなわち労働生活と非仕事生活である余暇双方の充実と満足を希求していることがわかる。若年層の労働と余暇の両立志向を理論的に裏づける「重合説」は、労働の手段性や拘束性からの離脱を強調するとともに、余暇に関しても「人間の全人的成長のための重要な役割を果たす即目的的活動であり、人間の精神的成長をもたらす時間」であることを強調している。つまり、重合説では、余暇の自由で主体的、活動的な側面が強調されている。(12)

根本氏は、こうした労働の手段性、拘束性から離脱した労働が、働くことそのものが目的化し、面白い仕事で自己実現することは感動をもたらすとする「朗働」へと変化しつつあると指摘する。同様に、余暇についても、より自由でその活動自体が目的である誉れ高い時間とする「誉暇」へと変化しつつあると指摘する。(13)

このような若年層の自由で、自己目的化した新しい労働観と、自由で主体的な時間や活動面が強調された新しい余暇観は、図表1-12において「朗働」と「誉暇」と表記されている。

ここまで、中高年層と若年層の労働・余暇観を比較しながらその変化の様子を見てきたが、最後に両者の違いをまとめると、図表1-15のようになる。

3 職業の意義とその要素

職業という概念

ところで、働くことと労働、職業とは同じであろうか。梅澤正氏（二〇〇一）は、労働や仕事は人間の活動そのものであるため、人類の歴史とともにあるが、職業は社会的役割を担う、自分の能力にあっている、など特別の意味合いをもった人間の活動で、労働や仕事とは異なることを指摘する。

アレント（Arendt, H.）は、人間の基本的活動を労働（labor）、仕事（work）、活動（action）の三つに区分し、近代的労働観の特質を明らかにする手がかりを提示する。(14) アレントによれば、労働は人間の生物学的過程、すなわち生命維持のために必然的に余儀なく行なわれる活動で、消費されるものの生産活動でもある。したがって、最も不自由な活動であって、いわば奴隷的な生産活動とも言える。

一方、仕事とは、人間存在の非自然性に対する活動で、道具を利用して人工的な世界を作り出す道具製作的活動である。したがって、奴隷的な生産活動である労働よりも格が高く、公共性に導かれた職人的仕事である点に特徴がある。(15)

最後の活動とは、物あるいは事柄の介入なしに直接人と人との間で行なわれる活動で、行為(praxis：プラークシス)とも呼ばれる。つまり、プラークシスは、言語を使って人と人との公共的関係を運営する政治的社会活動で、人間活動のうちで最も人間的な活動と考えられる。(16)

こうした三つの活動の違いは、労働は消費財というものが介在し、自然必然性に拘束された不自由な活動であるのに対し、その対極にある行為はものが介在しない、自然必然性から離脱した自由な活動である点にある。仕事はこのような労働と行為のいわば中間にある活動で、もの(ただし耐久的事物)が介在すると同時に、必然と自由が混合した活動と言える。

いずれにしても、職業は労働、仕事、さらには人間の基本的活動とは異なっている。職業という概念は、ある時期まで労働や仕事と必ずしも明確に区別されたわけではなく、むしろその違いがあまり認識されることなく、社会的ニーズや個人と社会の関わり方などにより作り出されたものと思われる。

職業の意義とその定義

ところで、職業というものは、われわれの社会においてどのような意義をもっているのだろうか。

また、どのように定義することができるのだろうか。一般に、日本で職業を聞かれた場合、多くの人びとは「○△会社に勤めています」とかあるいは「会社員です」と答え、仕事の内容や勤め先での地位に言及することは少ない。すなわち、わが国では職業は勤務先として把握されることが多い。このように、日本社会においては、資格（職業、仕事の内容）よりも場（勤務先、会社）を重んずる傾向がある（中根、一九八二）。

尾高邦雄氏（一九七〇）によれば、職業には次のような三つの意味が含まれる。

①人びとが日々たずさわっており、それが主要な収入源となっている仕事

②人びとがそのなかでこの仕事にたずさわっている勤め先

③人びとがこの勤め先のなかで占めている地位

これら三つのなかで、職業の概念に該当するのは、①の仕事であるが、われわれ日本人は、識別の原理として、固有の意味の職業にかわり、②の勤め先の種類や性格の違いを使いがちである。

このように、職業は収入といった経済的報酬と勤め先やそこでの地位という精神的報酬を与えるとともに、それに携わる人びとの社会的地位をも決定する。しかし、この考え方は職業のいわば受動的、静態的な側面を強調している。職業とは、たんに生計維持の手段として経済的報酬を得るための活動ではなく、一定の社会的分担や社会的役割を引き受けていく活動でもある。すなわち、職業とは、たんに個人本位の経済的・精神的報酬の獲得行為という個人本位の受動的側面ばかりでなく、社会的役割の引き受けとその遂行という能動的側面もある。実際、われわれは職業につくこと

図表1-16　職業の3要素

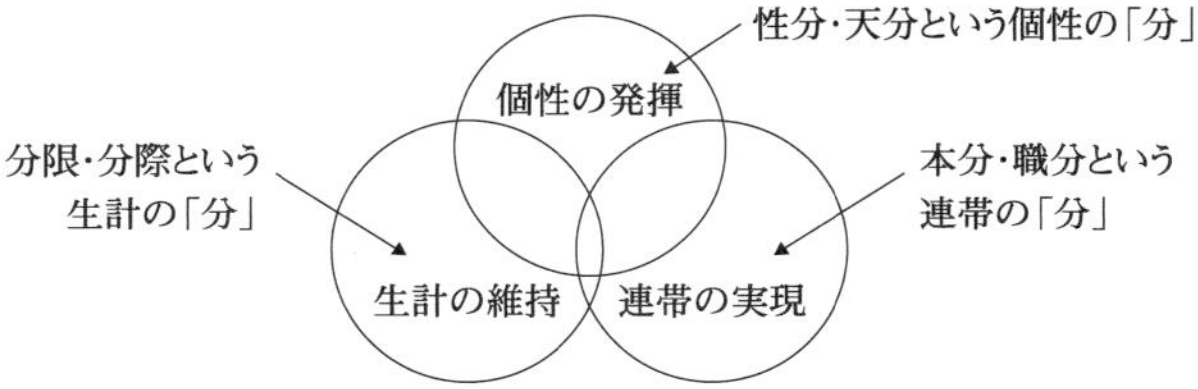

によって社会的共同生活に入るとともに、社会的役割の一端を担っていく。こうした社会的役割は、その職業に従事する人びとの個性や能力を発揮することによって遂行される。そうした意味においては、社会的役割の遂行は、個人の能力や個性を発揮するための手段とも考えられる。仮に、職業に従事する人びとの能力や個性が発揮されたならば、個人の満足感や幸福感が高まるばかりでなく、社会にとっても望ましいこととなる。「職業の選択の自由」や「職業に上下貴賤の差別なし」との主張はこういった点が背景となっているように思われる。

職業の三要素

社会との関わりをもった職業には、三つの要素がある（尾高、一九四二）。一つ目の要素は「個性の発揮」である。これは、職業を通して自己実現するとか能力を発揮することを意味する。二つ目の要素は「連帯の実現」である。これは、社会的役割や社会的分担の遂行をさす。最後の要素は「生計の維持」で、これは文字通り収入で衣食の資、つまり生活基盤を支えるという意味である。

尾高氏によれば、職業の「職」には、一つ目の要素である「個性の発揮」と二つ目の要素である「連帯の実現」が含まれており、日本語の「職分」や「天職」に相当する。外国語のberufやcallingもこれに該当する。それに対し、職業の「業」は、生計維持そのもののことで、「なりわい」(生業)に相当する。大切なのはこの三つの要素が均衡していることである。こうした職業の三つの要素が均衡した状態を図で示すと図表1-16のようになる。

4 職業―労働―仕事の違い

最後に、職業―労働―仕事の違いについて整理しよう。アレントは、労働(labor)を人間の生命維持のための自然必然性に拘束された不自由な活動とする一方で、仕事(work)を労働よりも公共性が高く、自然必然性から離脱した自由な活動としている。また、両者には一方では必要に束縛された手段的活動であるという共通点と、他方では生産活動の対象が消費財(労働)と耐久性のあるもの(仕事)という違いがある。さらに、労働は奴隷的な生産活動であるのに対し、仕事は職人的な道具製作活動であるという違いある。

また、職業と労働との区別には諸説あり、職業は社会的分担・役割を果たす活動で、労働は生命維持のための手段であるとする考えや、労働は余儀なくしなければならない活動で、職業は興味や誇りをもって行なう活動である、とする説など玉石混交である。尾高氏はこうした諸説に対し、客観的な視点からの線引き(区別)は困難で、両者はそれぞれの要素を部分的に兼ね備えているケー

図表1-17　労働–仕事–職業の違い

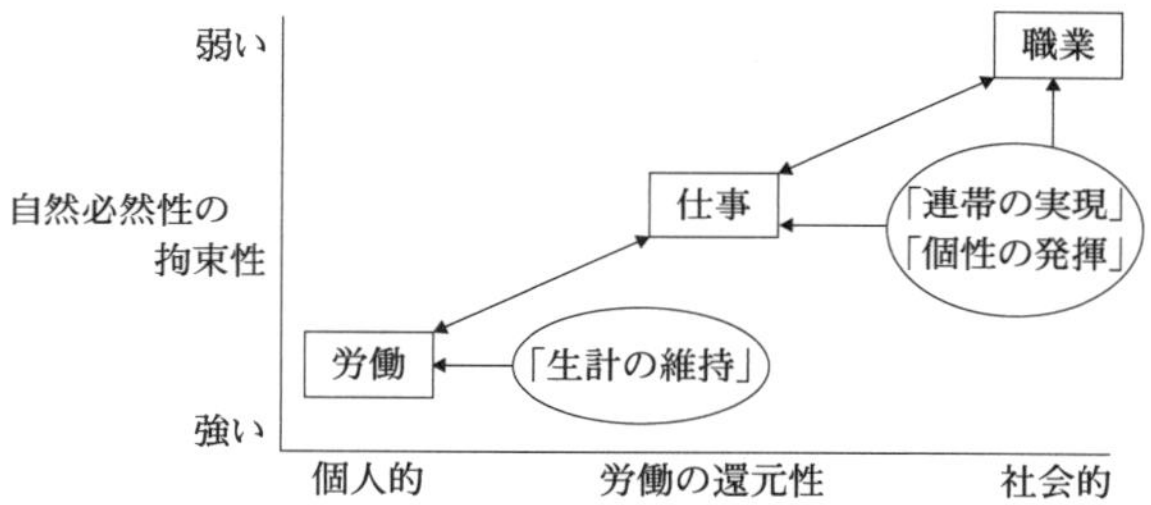

スが多いことを指摘する。たとえば、苦役をともなう労働にも生きがいのもてる場合もあれば、逆に社会的分担・役割を果たす職業にも苦役をともなう場合もある。

さらに、尾高氏は職業に相当する外国語にも二つのカテゴリーがあることを指摘する。一つはberufやcallingで、いわばこれは職分や天職を指しており、職業の三要素の「個性の発揮」と「連帯の実現」に相当する。もう一つはbeshaftungやoccupationで、これは生活をするための「なりわい」、すなわち生業を指しており、職業の三要素の「生計の維持」に相当する。

以上の点をまとめ、整理すると図表1-17のようになる。図表の縦軸は働くことの意味・目的に相当する労働の手段化の程度、つまり生命維持のための自然必然性の拘束の強さの程度を表しており、横軸は働くことの還元性、つまり働いた成果が個人に還元されるのかそれとも社会に還元されるのかを表している。

図表1-17によれば、労働とは社会生活における個人生活を維持するために展開される活動で、社会生活に必要な生産活動に従事したとしても自分の働いた結果が社会にどう還元されるかはあまり意

識されることはない。それに対し、その対極にある職業は個人生活の維持といった自然必然性から解放された自由な活動で、自分の働いた成果が社会にどう還元されるかを強く認識した活動である。その意味で職業は個人と社会とを結びつける経路で、そこにはどういう働き方をすべきかといった職業倫理が必要となってくる。仕事は労働と職業の中間的活動で、アレントが指摘しているように、労働よりも公共性や社会性が高いものの、職業の程度までには到達していない。

注

（1）飯田史彦『働くことの意味がわかる本』PHP研究所、二〇〇二年、九頁。
（2）杉村芳美『脱近代の労働観』ミネルヴァ書房、一九九〇年、三-四頁。
（3）MOWは一九七七年、旧西ドイツのベルリンに所在する国際経営研究所（International Institute of Management）にて、イングランド（England, G.E.）とウィルパート（Wilpert, B.）両教授により提唱されたことに端を発し、一〇ヵ国の研究者に対しこのMOWの研究の提案がなされた。日本の研究代表者は三隅二不二氏で、最終的にはベルギー、オランダ、西ドイツ、アメリカ、イギリス、イスラエル、日本の七ヵ国において第一回目の調査（一九八一-一九八三年）が実施された。第二回目の調査は一九八九-一九九一年に、日本、アメリカ、西ドイツ、ベルギーの四ヵ国において実施された。
（4）三隅二不二・矢守克也「日本人の勤労価値観」『組織科学』Vol. 26 No. 4、一九九三年、八三頁。
（5）同上書、八九頁。
（6）NHK放送文化研究所編『現代日本人の意識構造［第六版］』日本放送出版協会、二〇〇四年、一五四-一五六頁。

（7） 職業観の変化については、拙著『大学生の職業意識とキャリア教育』勁草書房、二〇〇五年、第二章第二節「若年層の会社観・組織観と職業意識の変化」に依拠している。

（8） 太田氏は個人と組織の関わり方に関して、直接統合と間接統合といった二つの概念を援用し説明している。同氏によれば、直接統合は仕事よりも組織に対するコミットメントが高く、組織との一体化を強く志向しており、組織人モデルと位置づけられている。

一方、間接統合とは仕事へのコミットメントが高く、仕事を通して組織と間接的に関わっていくことを志向しており、仕事人モデルと位置づけられている（詳しくは太田肇『仕事人の時代』新潮社、一九九七年を参照）。

（9） 中根は、日本と欧米の社会における人間関係を、「場」と「資格」といった概念を援用し、日本社会における人間関係は職種（つまり、資格）よりも会社、すなわち場を強調する点に大きな特徴があるとしている（詳しくは中根千枝『タテ社会の人間関係』講談社、一九六七年を参照）。

（10） テンニースは人びとの意志関係を、持続的な真実の共同生活を意味する「ゲマインシャフト」と、機械的な集合体・人工物としての「ゲゼルシャフト」に分類している。

（11） 労働と余暇をめぐる議論には、労働と余暇は独立した生活領域とする「分離説」と、仕事と余暇はその境界も不明確で、相互に関連しているとする「融合説」が一般的となっている。これらの議論に対し、根本は両者は独立性をもちつつ相互関連的であり、重なり合った部分をもっているとする「重合説」を提唱している（詳しくは根本孝、G.G. Poeth『カンパニー資本主義』中央経済社、一九九二年を参照のこと）。

（12） 根本孝、G.G. Poeth『カンパニー資本主義』二〇九頁。

（13） 同上書、二一一-二一三頁。

(14) ハンナ・アレント（志水速雄訳）『人間の条件』筑摩書房、一九九四年、一九-二〇頁。
(15) 今村仁司『仕事』弘文堂、一九八八年、一七六-一七七頁。
(16) 同上書、一七八頁。

第二章　仕事の条件と職業倫理

1　最近の不正事件を通して見えてくるもの

第一章で見てきたように、職業には「個性の発揮」「生計の維持」「連帯の実現」といった三つの要素があり、人びとは社会的役割や社会的分担を遂行していかなければならない。社会的役割や社会的分担を遂行していくためには、単に個人の利害や会社の利益を追求することなく、企業の社会的責任や職業倫理を強く認識して行動していかなければならない。

しかし、その一方で薬害エイズ事件や欠陥・リコール隠し事件、牛肉偽装事件に代表されるように、多くの不正事件[(1)]が発生している。昨今の企業におけるコンプライアンスやビジネス・エシックス（企業倫理）を重視する動きはこうした不正事件が背景となっている。

ところで、企業や人びとはなぜこうした不正事件を起こすのだろうか。本章では最近の代表的な三つの不正事件を取り上げ、その発生メカニズム、良い仕事の条件や職業倫理を探ってみたい。

薬害エイズ事件

薬害エイズ事件とは、一九七〇年代後半から一九八〇年代にかけて、HIVウイルスに汚染された濃縮血液製剤による血友病患者の大量感染事件である。日本ではドイツなどで加熱製剤が開発された後もなかなか国の承認がおりず、アメリカから輸入された非加熱製剤を使用し続けたために、エイズの被害が拡大した。この製剤を使用していた血友病患者の二〇〇〇人近くがHIVウイルスに感染し、多くの患者が亡くなっている。一九八九年五月に大阪で、一〇月に東京で製薬会社と非加熱製剤を承認した国に対して損害賠償を求めるHIV訴訟が提訴され、大きな社会問題となった。そうしたなか、一九九六年二月、当時の厚生労働大臣菅直人氏が謝罪し、三月に和解が成立した。

この事件で製造販売で提訴された製薬会社はミドリ十字（現、三菱ウェルファーマ）と血清療法研究所であり、業務上過失致死容疑で逮捕・提訴されたミドリ十字の三人の元社長は有罪判決を受けた。その後、ミドリ十字は一九九六年に株主代表訴訟を起こされたり（二〇〇二年四月に和解）、不買運動など厳しい社会的批判を受け、経営悪化に陥り、他の製薬会社に吸収合併された。

薬害エイズ事件で問題なのは、製薬という人間の生命と直結する事業を展開するミドリ十字には、極めて高い倫理性や社会的責任が求められるにもかかわらず、アメリカから輸入された血液製剤の原料がＨＩＶウイルスに感染している危険性を知って販売していたかどうかということである。業務上過失致死罪で刑事告発された三人の元社長は、その危険性は知らなかったと主張したが、ミドリ十字に司法当局の強制捜査が入ることにより、危険性を十分知りうる状況にあったことが判明した。さらに、こうした危険情報を事前に察知し、特別の対策部門を設け、ＨＩＶウイルスに関する情報収集を行なっていたことがわかった。

なぜ、ミドリ十字ではトップを巻き込んでこのような不正事件を起こしてしまったのか。単に経済的利益追求が不正行為に走らせたのか。トップをまきこむ不正事件に社員は何もできなかったのか。会社ぐるみの不正行為に加担した社員に罪悪感や後ろめたさはなかったのか。会社に対する高いコミットメントと企業戦士と化した社員に職業倫理はなかったのか。仮に、われわれがミドリ十字の社員であったならば、ＨＩＶウイルスに感染した非加熱製剤を販売しただろうか。われわれはミドリ十字の不正事件を通して、働くとはどういうことか、どのような仕事をすれば社会から認められるのか、といったことを自分自身に問いかける必要がある。

自動車のクレーム隠し事件

自動車メーカーのクレーム隠し事件は、一九九〇年のマツダ、九七年の富士重工、九九年のダイハツと発生してきたが、二〇〇〇年六月の三菱自動車のケースはこれまでのものとは異なり、内部告発が事件発覚の発端となっている。そういう意味では薬害エイズ事件とは趣が異なる。

内部告発は、二〇〇〇年六月中旬に、内部者とおぼしき人物の運輸省自動車交通局のユーザー業務室への匿名電話によってなされており、告発の内容は欠陥やクレームの隠蔽に関する資料や書類が本社の個人のロッカーに入っているなど、信憑性の高いものであった。この内部告発に基づき、警視庁の強制捜査が入り、社内のロッカーから証拠書類などが押収された。

三菱自動車では、一九六九年のリコール制度発足当時から欠陥やクレームを組織的に隠蔽する体質があり、運輸省の立ち入り検査制度ができた一九七七年以降は同社の品質保証部が中心となり、立ち入り検査に備えたクレーム情報隠蔽のためのマニュアルまでが作成されていた。

本来、自動車メーカーの役割や社会的使命は車という消費者に安全な交通手段を提供し、その利便性を図ることにある。品質保証部は自動車メーカーの生命線ともいうべき安全性を保証する部署である。それにもかかわらず、クレーム情報隠蔽のためのマニュアルを作成し、組織的に隠蔽工作を行なっていたことは自動車メーカーとしてはあるまじき行為で、そのモラルや倫理観を疑わざるをえない。ランサーやパジェロに代表されるラリーの名車を世に送り出し、社会的名声をえていた三菱自動車は、この事件の発覚を契機に、一瞬にして車づくりの信用と無形の価値としてのブランド力を失ってしまった。現在は三菱重工を中心とする三菱グループの経営支援をうけて、企業再生を図りつつある。

このような三菱自動車のクレーム隠し事件は、薬害エイズ事件のミドリ十字と同様に、消費者に対する安全性の提供よりも会社の利益追求を優先したことが原因なのだろうか。また、なぜリコール制度発足以降、これだけ長きにわたり隠蔽工作が続けられたのだろうか。この点がミドリ十字の事件とは大きく異なる。

こうした長期にわたる組織的な隠蔽工作は、単に経済的利益を優先した企業行動のみの視点から説明することは困難である。利益追求といった経済的要因以外になにか心理的な要因が絡んでいるように思われる。つまり、三菱自動車という巨大なムラに入社し、そこにおける企業風土や特有のルールに慣れ親しんだ社員は、当初は会社の隠蔽工作に矛盾や抵抗を感じたものの、時間の経過とともに、隠蔽工作を疑問視することがなくなってしまったのではなかろうか。レビン（Lewin, K.）は人間の行動原理をB＝f（P、E）と表し、われわれの行動（B: Behavior）は個人（P: Person）と個人が属する組織風土、職場風土などの行動環境（E: Environment）との相互作用（f: function）によって引き起こされるとしている。この公式にしたがえば、三菱自動車の社員は自社の組織風土やビジネスのやり方、さらには組織内の明示的・黙示的ルールに馴染んでしまい、隠蔽工作を疑問視できなくなったと考えられる。

牛肉偽装事件

最後は雪印食品による牛肉偽装事件である。これは二〇〇一年に政府が打ちだした狂牛病対策としての国産牛肉の買い取り制度を悪用した不正事件である。政府は、二〇〇一年夏に発生したBSE（牛海綿状脳症）、いわゆる狂牛病対策として国産牛肉をすべて買い取り焼却処分をする方針を発表した。政府のこの方針は狂牛病による業界打撃を救済する制度である。雪印乳業の子会社の雪印食品は、オーストラリア産牛肉を国産牛肉と偽装し、不正に国に買い取らせようとした。

雪印食品によるこの牛肉偽装事件は、同社の取引先である倉庫会社の社長による内部告発により明らかにされた。三菱自動車の事件が社員とおぼしき人物からの内部告発であったのに対し、雪印食品の内部告発は取引先の社長が内部告発者である点に大きな特徴がある。のちのち、この取引先の社長が内部告発者である点が、公益通報者保護法の通報者として保護の対象になるかどうかで大きな物議を醸し出すこととなる。雪印食品の偽装事件は大きな社会問題となり、偽装発覚後わずか一ヵ月という早さで会社は解散に追い込まれることとなった。そういう意味では、この不正事件は内部告発で会社がつぶれる危険性があることを教えてくれた教訓にすべき事件である。

この不正事件がわれわれにもたらすメッセージは、当時の雪印食品においては社員の間で働くことの意味や目的が見失われ、獲物をねらう動物の如く、ただいたずらに利益追求のみを行なっていたということである。

三つの不正事件を通して見えてくるもの

三つの不正事件に共通しているのは、それぞれの企業で会社自体がその存在意義や担っている社会的責任を認識することなく、また社員においても働く目的や仕事とは何かを認識することなく、経済的利益の追求にのみ焦点があてられ、経営行動が展開されたということである。田中朋弘氏

（二〇〇二）は、経済的きずなと道徳的義務という二つの概念を援用し、三つの不正事件はいずれも社会関係が経済的なきずな一本槍になっており、信頼や誠実さという根本的な規範からなる道徳的義務が欠けていたことを強調している。つまり、三つの会社では労働が会社の利益の手段と化し、適切な文脈が失われていたというわけである。(2)

しかし、この説明ではなぜ不正事件が発生したのかの理由は説明できるが、なぜ道徳的義務が欠けていたのか、あるいは労働が完全に手段化し、適切な文脈を失っているのかを十分に説明することができない。これらを説明するためには違った枠組みが必要となる。第一章で述べた直接統合や帰属意識、場の概念を援用し、なぜ労働が手段化し、適切な文脈を失ったのかを解説しよう。

今回の不正事件は経営トップや管理職をまきこんだ組織的事件である点が共通している。こうした経営トップや管理職の会社観・組織観は帰属意識に裏打ちされており、会社への忠誠心や職場への貢献、さらには上司への貢献といったものを重視している。このような滅私奉公型の帰属意識に裏打ちされた社員は、図表1-6、1-7に見られるように、会社に対するコミットメントが強く、会社との直接統合、つまり一体化を希求している。会社との一体化、直接統合を希求する会社観・組織観が一方で、場を強調する日本の社会を形成するとともに、他方で「ウチの会社」に代表されるような強い企業意識を醸成していく。

このような場の論理を優先する企業意識は、個人の持つ資格や専門性よりも会社との運命共同体化を促進させると同時に、職業倫理に欠けた企業戦士や会社人間を生み出してしまう。今回の三つの不正事件発生の本質的な要因はこのあたりにあるように思われる。

2　良い仕事の条件

三つの不正事件に共通しているのは良い仕事をしたとは言えず、結果として消費者や社会からの信用を失ってしまったということである。消費者や社会から信用を得られる「良い仕事」とはどんなものであろうか。また、その基準とは何であろうか。

シューマッハーの「良い仕事」

シューマッハー（Schmacher, E.F.）は、good work（『宴のあとの経済学』）という本の中で、良い仕事と無意味な仕事とを対比している。彼は無意味な（悪い）仕事の例として工場のアセンブリーラインにおける反復的な単純作業をあげ、そうした作業は無慈悲で退屈であり、しかも神経を摩滅させ、人間を機械やシステムの下僕にしてしまうとしている。一方、良い仕事には次のような三つの機能があることを指摘している。

①人間すべてがそれなりの生活をするために必要である財とサービスを創出すること
②自分の能力を活用し開発する機会を与えること
③他人と同じ仕事に参加して、人間が生来もっている自己中心の傾向を克服できること

シューマッハーの考え方の根底には、チャップリンの映画『モダン・タイムス』に見られるように、オートメーションやベルトコンベアなどの大量生産システムにより失われた人間性を回復させようとする「労働の人間化（Quality of Working Life: QWL）」と同じ思想があると思われる。労働の人間化は水平的な職務負荷を意味する職務拡大（job enlargement）や垂直的な職務負荷を意味する職務充実（job enrichment）などを通じて技能の多様性や仕事における裁量性の増大をはかるもので、労働における内面的報酬や人間性の回復を重視する点に大きな特徴がある。これは精神的性格を重んずる現代の労働における「意味ある労働（meaningful work）」に相通ずる。

また、シューマッハーはこうした良い仕事の目的と対応させ、次のような三つの使命をあげている。(3)

①自分の社会と伝統から学び、自分の外部から教えを受けることによって、ひとときの幸福感を味わうこと
②自分が身につけた知識を内面化して検討し、良いものを残して悪いものを捨て去ること
③前の二つを達成することが条件になるもので、自我や好悪の感情を超え、さらには自己中心の妄念をも超えること

これらの使命は極めて宗教的な色彩が強く、個々の人間の判断や選択を超越した絶対的な価値ともいうべきもので、いわば善悪の概念と結びついた道徳的価値を指す。すなわち、シューマッハーの意味のある仕事や良い仕事とは、単なる有益な仕事や有用な仕事とは異なり、人間が求めるべき

絶対的価値としての善にかなう仕事である。(4)

さらに、シューマッハーは上記の三つの目的・使命から導きうるものとして、健全な人間としての三つの行動基準を提示している。(5) 第一は、精神的な存在として行動することで、宗教的な存在としての人間行動を意味する。第二は、隣人として行動することで、社会的な存在としての人間行動を表す。最後は、主体的な個人として行動することで、力と責任のある個人としての人間行動を意味する。

以上をまとめるならば、シューマッハーの「良い仕事」とは、

○人間が求めるべき絶対的価値としての善にかなう仕事で、
○他者との協力を通して、自己中心主義から解放され、
○社会や人間に必要かつ有益な財やサービスを提供するとともに、
○主体的な能力開発を促し、自己を完成させる

ものである。シューマッハーのこの考えに基づいて仕事が実行されるならば、仕事は人間に活力を与え、最高の能力を引きだすことを促すとともに、人間としての人格をも向上させるものと思われる。

杉村氏の「良い仕事」の条件

一方、近代的労働の意味やあり方に関して数多くの研究成果を発表している杉村芳美氏(一九九

七）は、「良い仕事」とは仕事の中身だけのことでなく、他の生活領域と良い関係を築いていくことを前提としながら、良い仕事を構成する条件として次のような一〇項目をあげている。

①良い仕事は、仕事を意味あるものと見なすことを前提とする
②良い仕事は、仕事に対する真剣で責任感ある態度を求める
③良い仕事は、生活の必要を充たす
④良い仕事は、共同生活に貢献する
⑤良い仕事は、善い生き方と重なる
⑥良い仕事は、平衡のとれた生活とともにある
⑦良い仕事は、魅力的である
⑧良い仕事は、個人を成長させる
⑨良い仕事は、個人を超える価値につながる
⑩良い仕事は、求められてはじめて得られるものである

このような杉村氏の良い仕事の条件は、良い仕事の全体像を示すにはいたっていないものの、良い仕事の輪郭を明らかにしている。これからわかることは、良い仕事とは仕事の内容如何によって決まるよりも、仕事への姿勢やスタンスによって決定されるということである。つまり、良い仕事とは、日常性といった時間的連続性を断ち切り、創造的破壊により現在の仕事を再設計するのではなく、仕事に対する価値観や考え方、さらには生活領域のなかにおける仕事の意義や位置づけを見

図表 2-1　仕事の十字

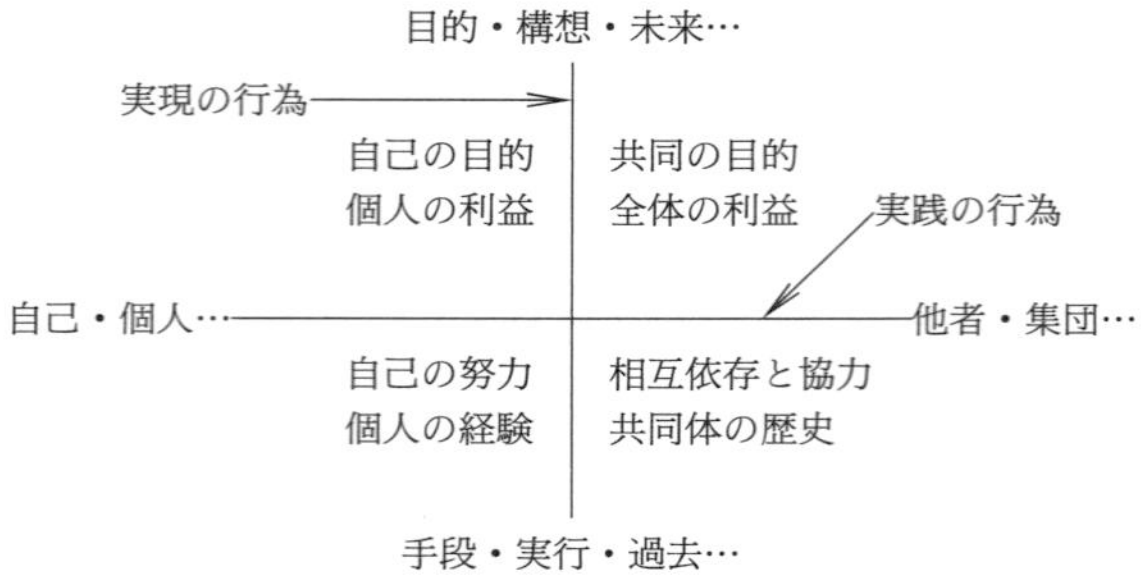

出所：杉村芳美『「良い仕事」の思想』中央公論社、1997年、216頁に加筆修正

直すことによって可能となる。そう考えると、良い仕事とは、今やっている仕事とかけ離れたところに存在するのではなく、むしろ今やっている仕事そのものの中に存在しているとさえいえるかもしれない。要はわれわれの仕事に対する考え方や姿勢によって良い仕事は可能になると言っても過言ではない。

さらに、杉村氏は「仕事の十字」といった概念を援用し、良い仕事は仕事の十字で表される仕事生活の多面性を引き受け、生を充実させるところに生まれるとしている。[6] 仕事の十字は、図表2-1からもわかるように、みずからの生をどう生きるかにつながる「実現の行為」としての目的性の軸と、さまざまな領域で他者とどう交わり責任を果たしていくかに関わる「実践の行為」としての共同性の軸から成り立つ。わかりやすく説明するならば、タテ軸の目的性の軸は、いわば自己中心性の仕事の次元で、自己実現的な仕事の仕方、自己実現を求める生き方を表す。

それに対し、ヨコ軸の共同性の軸は、自己中心性とは逆の仕事の次元で、他者との関わり、相互の依存、全体への貢献といった仕事の次元を表す。
第一章で述べたアレントの人間の基本的活動の概念と仕事の十字とを対応させれば、図表2-1の実現の軸が「仕事」、実践の軸が「活動」に該当し、「労働」は仕事の十字そのものを担うことに相当する。(7)

杉村氏によれば、良い仕事とは、仕事の十字で表される仕事生活の多面性を引き受け、生を充実させるところから生まれるもので、人間は仕事の十字そのものから解放されることはない。むしろ、仕事の十字で表される仕事生活の多面性を引き受けるという考え方や姿勢が良い仕事への核心につながるとともに、良い仕事への解放につながる。

良い仕事の三要素

最後に、こうした先駆的な識者の考え方やモデルを参考に、私が考える良い仕事の条件を明らかにしてみよう。良い仕事を考えるには、第一章で述べた職業の三要素が参考になる。職業の三要素は個性の発揮、生計の維持、連帯の実現から成り立つ。良い仕事はこの三要素のなかの個性の発揮、連帯の実現の二つの要素に、倫理的要素を加え、図表2-2のような三つの要素から成り立つと考えられる。

良い仕事の一つ目の要素は「個人にとって望ましい」仕事であるという自己評価をベースにしたもので、職業の三要素である個性の発揮に相通ずる。つまり、良い仕事とは、「仕事を通じて己を

図表2-2　良い仕事の3要素

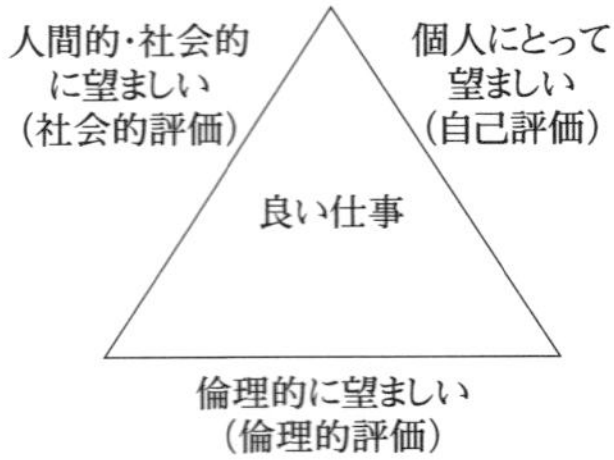

磨く、鍛える」といった表現に代表されるように、仕事を通して自己完成につながるものでなければならない。人間は仕事に従事する当初は、人間的にも技術的にも未熟で未完成な状態にある。良い仕事とは、こうした未熟で、未完成な人間を仕事を通して人間の中に眠る可能性を開花させ、個人の個性発揮へと導いてくれる。これは個人に対し満足をもたらす良い仕事の側面を重視する概念で、ロバートソン（Robertson, J）の仕事を、「自分の人生に意味を与え、自分自身の開発と自己充足の機会をもたらす活動」と定義する考え方と共通する部分が多い[8]。

良い仕事の二つ目の要素は「人間的・社会的に望ましい」仕事であるという社会的評価をベースにしたものである。これは職業の三要素である連帯の実現に相通ずるもので、仕事の喜びや満足を自己実現や自己充足にのみ求めるのではなく、人間や社会全体にとって望ましいことへの貢献に求めるものである。

間違ってはいけないのは、人間的・社会的に望ましい仕事は単に全体への奉仕や社会への貢献を強いるのではなく、仕事の成果を自分たちの利益よりも社会の利益ないしは公共の利益に結びつけていくという考え方に基づいているということである。仕事というものは、自己完結的な形で存在するものではなく、社会とのコンテクスト（文脈）のなかで存在する。

二つ目の要素は、仕事を社会とのコンテクストのなかでとらえるとともに、仕事の成果を自分たちの利益よりも公共の利益に結びつけていこうとするもので、社会全体を豊かにする仕事と表すことができよう。

三つ目の要素は「倫理的に望ましい」仕事であるという倫理的評価をベースにしたものである。倫理的に望ましい仕事とは、道徳や法などの規範的価値や信頼や誠実という道徳的価値に裏打ちされたもので、個人の利害を超越した普遍的かつ絶対的な価値に基づくものである。もっとわかりやすく言うならば、シューマッハーが言うところの、われわれ人間や社会が求めるべき絶対的価値としての善にかなう仕事である。したがって、このような倫理的に望ましい仕事と第二の要素である人間的・社会的に望ましい仕事は、vocation（天職）あるいはcalling（召命）としての仕事と呼ぶに値するものと言えよう。

こうした仕事倫理は、宗教などの文化的背景、技術水準や労働形態などにより、国や時代によって異なるが、その根底には時代を越えて脈々と受け継がれる要素もある。プロテスタンティズムにおける徹底した禁欲思想や日本における「勤勉」「報恩」「信用」などはその代表的なもので、それらは社会における共有化された価値意識やそれぞれの国の国民性や民族性をも部分的に形づくっている。

第一節で述べた不正事件も、このような良い仕事の要素である「人間的・社会的に望ましい」「倫理的に望ましい」ということを念頭にいれ、トップから社員までが仕事を展開していれば発生しなかったと思われる。

ところで、良い仕事の三要素に関して留意すべきことは、三つの要素の全体的均衡を保つということである。ややもすると、「人間的・社会的に望ましい仕事」と「倫理的に望ましい仕事」が強調されやすい傾向があるが、三つの要素を高位均衡化の方向でバランスさせることが重要である。「人間的・社会的に望ましい仕事」と「倫理的に望ましい仕事」は、仕事の価値を高めるだけではなく、そうした仕事に従事することで個人の自己実現や自己充足の可能性を高めることにつながる。まさに、良い仕事の三つの要素は相互作用しあう不可分な関係にあると言えよう。大切なのは、良い仕事の三つの要素を図表2-2のように、三つの辺の高位均衡化がはかれるよう三面等価の原則で運用することである。

3 内部告発の倫理性と条件

第一節で述べた三つの不正事件の内、三菱自動車のクレーム隠し事件と雪印食品の牛肉偽装事件は告発者が匿名の内部の人間と取引先の社長といった違いはあるものの、内部告発が発端である。特に、雪印食品の内部告発をした倉庫業者は社会的制裁に近いバッシングを受け、廃業に追い込まれた。これら二つの内部告発は会社の不正事件を告発したもので、その行為は「良い仕事の条件」に照らせば至極当然の行為と考えられる。しかし、内部告発には倫理的である、反倫理的であるという賛否両論の考え方があるのも事実である。

内部告発の倫理性

そこで、まず内部告発とは何かを定義し、次いで内部告発に求められる倫理性について考えてみたい。

一般に、内部告発とは、組織内部の人間が自分が属する組織の不正や違法行為を社会に告発することを意味している。ビジネス倫理学者であるディジョージ（DeGeorge, R.T.）は、内部告発を「不適切な行動を、適切な人物に報告する」と定義しており、組織内部で満足のいく解決策が得られない場合の外的な内部告発とわけている。[9] しかし、一般的な内部告発はディジョージのいう外的な内部告発を指す。

このような内部告発は元来矛盾をはらむ。企業に雇用されている社員は会社に対して守秘義務や誠実義務を負っており、社員しか知り得ない会社の機密事項を内部告発で外部に公表することはこうした守秘義務や誠実義務に違反する可能性がある。仮に、情報収集や公表のやり方等に問題があれば、名誉毀損で訴えられたり、あるいは服務規律違反で懲戒解雇される危険性すらある。つまり、内部告発者には組織の裏切り者としての報復的措置が用意されている。

ところで、組織の不正や違法行為を社会に公表する内部告発は本当に守秘義務や誠実義務に違反する行為であろうか。守秘義務とは、仕事を通して獲得した知識や情報などの機密事項を、会社の了承なく公開したり、私的に流用したりすることを禁ずるものである。しかし、違法行為や不正、反道徳的な行為に関する情報までも秘匿しなければならないのであろうか。前述の良い仕事の条件には、「人間的・社会的に望ましい仕事」と「倫理的に望ましい仕事」といった要素があり、善や社会的正義といった道徳的価値が良い仕事の重要な要素となっている。

われわれが良い仕事を行なっていくためには、一方では社員としての守秘義務や誠実義務を遵守しながら、他方では善や社会的正義といった道徳的価値を重視していかなければならない。このように、われわれは内部告発をめぐっては「義務の衝突」が発生し、「内部告発のジレンマ」ともいうべき状況に陥りやすい(田中、二〇〇二)。

田中氏は、このような内部告発のジレンマを見せかけのジレンマとした上で、社員の守秘義務を絶対的な義務ではなく、「条件づけられた義務」としている。つまり、守秘義務は公共の利益に反しないという条件下のみで認められるべきものと考えられる。[10] 守秘義務をこのように考えると、公共の利益に反するような不正行為や違法行為を外部に公表する内部告発は、守秘義務に違反した行為とはならない。

したがって、そうした意味では、内部告発は「反倫理的」な行為であるというよりも、むしろ「反組織的」行為といった方が妥当と思われる。[11]

わが国では、二〇〇六年四月に、公益通報者保護法が施行され、一定の要件を満たした内部告発を「公益通報」と名づけ、通報した社員に対する報復的な措置に対する保護措置が定められるようになった。

内部告発と公益通報の違い(12)

内部告発と公益通報の違いを以下のような四つの視点から見ていきたい。

①通報先　内部告発は、ディジョージが言うように、組織内部で満足のいく解決策が得られない場合に外部公表するという性格を有するため、通報先も行政機関やマスコミなどへの通報が中心となる。それに対し、公益通報の通報先は、内部通報、行政機関通報、マスコミ等企業外通報の三つが定められ、この順番で要件が厳しくなる。

②通報対象事業　内部告発は通報の対象が法律で決められているわけではないので、告発者が不正行為、違法行為と思うものはすべて対象になる。それに対し、公益通報の通報対象は法律で厳格に定められている。

③通報者　内部告発の通報者は労働者の場合が多いが、それに限定されるものではない。公益通報者保護法では、通報者は労働者に限られ、派遣労働者、取引先業者に雇用される労働者は含まれるが、経営者や取引先業者は保護対象とならない。雪印食品の牛肉偽装事件の内部告発は取引先業者の社長が行なったが、今回の法律ではその社長の行為は救済されないため、これをめぐって多くの論議が展開された。

④通報の保護　内部告発を保護する法律はないので、内部告発により解雇等の報復を受けた場合は、民法や労働基準法などの一般法理でその是非が判断される。公益通報者保護法では、法で定める要件に合致した通報をしたことを理由とする解雇の無効、労働者派遣契約の解除の無

効、降格・減給等の不利益な取り扱いの禁止が定められている。

内部告発の条件

ディジョージは、道徳的に正当化され、許される内部告発の条件として次のような三つをあげる。[13]

①会社が製品ないし政策を通じて、製品のユーザー、罪のない第三者、あるいは一般大衆に対して深刻かつ相当な被害を及ぼす

②内部告発者は、製品のユーザーや一般大衆に深刻な被害が及ぶと認めたときは、直属の上司にそのことを報告し、自己の道徳的懸念を伝える

③直属の上司が、自分の懸念や訴えに対し、何ら有効なことを行なわなかった場合は、内部的な手続きや企業内部で可能な他の手段に手を尽くす

このような三つ条件は、不正行為や違法行為によってもたらされる被害が深刻で、上司への報告も含め、あらゆる方策を講じた場合は、内部告発は道徳的に許されるということを表す。つまり、これらの三つの条件を満たせば、内部告発は道徳的に正当化されるということである。

さらに、ディジョージはこれらの三つの条件に、新たな二つの条件、すなわち④内部告発者は自分の状況に対する認識が正しく、深刻な被害をもたらす危険性が高いことを、合理的で公平な第三者に確信させるだけの証拠をもっている、⑤内部告発者は、情報を外部に公表することで必要な変化がもたらされると信じるに足りるだけの十分な理由をもたねばならない、といった二つの条件を

付け加えることによって、内部告発が義務になることを強調する。(14)別の言い方をするならば、こうした二つの条件がなければ、われわれは内部告発を行なう道徳的な義務を失ってしまうこととなる。これらの五つの条件は、一部内部告発を「不適切な行動を適切な人物に報告する」という内部的な内部告発と定義している点には全面的には賛同できないものの、内部告発が道徳的に正当化される条件としては極めて納得性のある妥当なものである。これら五つの条件は、いわば賞賛される内部告発のガイドラインともいうべきもので、内部告発が道徳的に許されるかどうか、あるいは内部告発の行為を評価する際のスケールとして活用することができる。

そこで、最後にディジョージのこれらの条件を参考に、賞賛される内部告発の条件をまとめてみたい。

内部告発とは、

①組織の不正行為や不法行為などにより一般大衆や消費者が深刻かつ相当な被害を被る危険性があるとの予測のもとに、

②状況に関する客観的な証拠と情報公開による変化の可能性に対する確固たる信念に基づき、

③まず内的な内部告発の手続きを踏み、そこでの望ましい策が講ぜられない場合は外部に情報を公表し(いわゆる外的な内部告発)、公共の利益を守る

ものである。

4 職業の倫理

わが国においては、仕事や職業ごとにそれぞれ職業倫理が定められている。例えば社団法人日本医師会では、「医学および医療は、病める人の治療はもとより、人びとの健康の維持もしくは増進を図るもので、医師は責任の重大性を認識し、人類愛を基にすべての人に奉仕するものである」という医の倫理綱領を策定し、医師の職業としての尊厳と責任、医療の公共性、さらには人格の陶冶と保持を規定している。(15) また、全国銀行協会連合会では、「銀行のもつ社会的責任と公共的使命の重みを常に認識し、健全な業務運営を通じて揺るぎない信頼の確立を図る」といった「銀行の社会的責任と公共的使命」に関する倫理憲章を筆頭に、「法令やルールの厳格な遵守」「反社会的勢力との対決」など五つの倫理憲章を策定し、業界としての倫理綱領を定めている。

職業倫理の二面性

職業倫理とは一体なにを意味しているのか。その前にそもそも「倫理」とはなにか。倫理という言葉は、英語では ethics、ドイツ語では Ethik で、その語源はギリシア語のエートス (ethos) にあるとされている。一般に、エートスとはある民族、集団や社会に属する慣習や精神、気風などを表すものとされている。これを職業のエートスとして置き換えると、職業に従事する人びとが習慣的に獲得するにいたった道徳的な気風となる。職業社会学の第一人者である尾高氏は、「倫理」を、「ある全体社会で公認された行動基準であり、その適用を受けるすべての人びとにたいしてそれへの遵守が要求される社会的規範」であると定義する。(16)

こうしたエートスや倫理の定義や前述した医師や銀行業界の倫理綱領などは、その文言通りに解釈するならば、これを守る人びとには外部から強制されたものとしての色彩が強く、いわば他律的な行動基準となりやすい。

しかし、職業倫理をこのような他律的な行動基準や社会的規範の視点のみからとらえることには問題がある。第一節で述べた不正事件などは、業界や職業ごとの行動憲章ともいうべき倫理綱領で部分的に防ぐことができても、そこで働く人びとの職業観や職業意識、さらにはモラル（道徳）などの内面的自制心が効果的に働かないと阻止することはとうてい不可能である。尾高氏も指摘しているように、職業上の気風や心構えを意味する職業倫理は、われわれの外側ですでにつくられていた一定の社会的規範や他律的行動基準が内面化されたものである。一定の社会的規範が内面化された職業の倫理が不正事件に歯止めをかけるとともに、われわれの職業観や職業意識を醸成していく。

このように、職業倫理には、職業や業界ごとに求められる他律的行動基準ともいうべき社会的規範の側面と、社会的規範が内面化された心構え、気風などの道徳的側面の二つの側面があるが、本書では幅広くわれわれの働き方に焦点をあてていく観点から主に後者を中心に論じていく。前者はそれぞれの職業に特有の職業倫理、すなわちプロフェッショナルの職業倫理を表している。尾高氏はこうしたプロフェッショナルとして医者、薬剤師、看護師、弁護士、公認会計士、税理士、技術者、建築家、僧侶、教師、学者、画家、作家、ジャーナリストなどをあげている。[17] それぞれのプロフェッショナルは、日本医師会や日本弁護士会に代表されるように、一種の組合や団体連合会などを形成し、メンバーの職業活動を規制する職業上の行動基準や倫理綱領を策定している。これらの倫理綱領に違反した場合は、なんらかの制裁が科せられるため、その遵守が強く求められる。まさに、外から強制される他律的行動基準と称される所以である。

こうしたプロフェッショナル倫理に関して、『日本人の職業倫理』を著している島田燁子氏は、徳川幕府による士農工商の身分階層制を基礎とした社会以降、職業倫理が明確になったとの認識に立ち、各階層の職業集団ごとの職業倫理（たとえば、武士階級の職分倫理、農民階級の経済倫理、職人階級の職分倫理、商人の職業倫理など）を紹介している。

職業に共通する職業倫理

島田氏は、日本人の職業倫理の思想的基盤として二つのものをあげている。一つは「縁と恩」で、仏教思想に基づく縁で結ばれ、恩を受けた以上は、運命共同体として恩に報いる（報恩）という「縁と恩」による運命共同体意識が日本人の職業倫理の根底にあるとするものである。[18] つまり、日本人の勤勉哲学や会社に対する滅私奉公といった思想はこのような「縁と恩」による運命共同体意識により醸成されたというわけである。

もう一つは鈴木正三にみる「恩義の思想」である。島田氏は、鈴木正三を日本人の職業倫理を確立させた人との認識に立ち、正三の職業哲学は「職業を一仏の分身とみなし、自分の職業に私心なく全身全霊を傾けるなら仏法に等しく成仏できる」という禁欲的な職業倫理であると評している。[19]つまり、正三の職業哲学は職業を仏法における修行とみなす天職説的な職業倫理というわけである。「縁と恩」や「恩義の思想」に導かれた職業倫理は、第一節で述べた不正事件の発生要因を思想的、心理的側面から説明できても、残念ながら現代社会における仕事志向の高まりや、仕事を介して間接的に組織との関わり合いをもっていくという組織観や仕事観といったものを的確に説明することは困難である。

そこで、尾高氏の勤労の倫理の考え方[20]を援用し、現代社会における職業倫理を考えてみたい。現代社会において人間はなんのために働くのかといった基準をベースに職業に共通する職業倫理を分類すると、次のように大きく三つに分類できる（図表2-3参照）。

①組織（職場）本位の職業倫理

自分が所属する組織に対する強い帰属意識に裏打ちされたもので、組織の利益の増大やその社会的地位の向上のためには、全身全霊を傾けて組織に忠誠を尽くすという滅私奉公型の職業倫理である。組織本位の職業倫理は所属組織へのロイヤリティは強いものの、専門的技術や仕事に対するコミットメントは低く、専門性の次元における組織外への広がりは軽視されやすい。その結果、所属する自分の組織を客観化できなくなり、組織の利益を守るためなら、不正行為にも加担

図表2-3　職業に共通する職業倫理の3要素

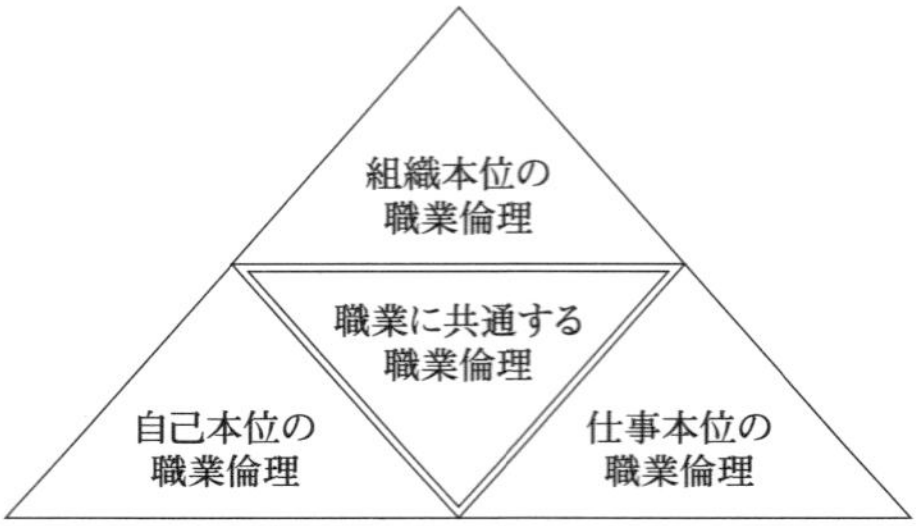

してしまうこととなる。中高年層の職業倫理はこうした組織本位の職業倫理が中心となっている。

②自己本位の職業倫理

所属する組織の利益よりも自分の利益を重視する功利主義的な職業倫理で、主に若年層において顕著に見られる職業倫理である。こうした自己本位の職業倫理は、個人の自己実現が働くことの主たる目的となっており、自分の収入、地位、社会的名声、権力などを向上させることが重視されている。つまり、言い換えるならば成功本位の職業倫理とも言える。

③仕事本位の職業倫理

強い仕事志向に裏打ちされた職業倫理で、所属する組織への忠誠心よりも仕事への忠誠心を重視する点に大きな特徴があり、若年層に顕著に見られる職業倫理である。こうした仕事本位の職業倫理は、一方で職業に求められる専門性や倫理性を重視するとともに、他方で自己の準拠集団を組織の外部に求める傾向が強い。したがって、われわれが仕事本位の職業倫理を有するならば、おのずと所属する組織を客観視するとともに、プロフェッショナルとしての職業倫理が働き、不正事件などに加担することを思いとどまる可能性が高い。そうした意味においては、仕事本位の職業倫理は社会本位の職業倫理と言える。昨今の若年層の転職志向の高まりやスペシャリスト、プロフェッショナル志向の高まりはこうした仕事本位の職業倫理が強く働いている。

注

（1）本書で取り上げる以外の不正事件としては、いずれも内部告発が発端となっているが、北海道警察における警察公金の不正流用事件や東京電力の原子力発電所におけるトラブル隠し事件などがあげられる。
（2）田中朋弘『職業の倫理学』丸善株式会社、二〇〇二年、一三七–一四〇頁。
（3）E・F・シューマッハー（長洲一二監訳）『宴のあとの経済学』ダイヤモンド社、一九八〇年、一三九–一四〇頁。
（4）杉村芳美『「良い仕事」の思想』中央公論社、一九九七年、一五四–一五六頁。
（5）シューマッハー、前掲書、一四一–一四二頁。
（6）杉村、前掲書、二一五–二一八頁。
（7）同上書、二一七頁。
（8）J・ロバートソン（小池和子訳）『未来の仕事』勁草書房、一九八八年、九二頁。
（9）R・T・ディジョージ（永安幸正、山田経三監訳）『ビジネス・エシックス』明石書店、一九九五年、三〇三–三〇六頁。
（10）田中、前掲書、一四六頁。
（11）同上書、一四七頁。
（12）内部告発と公益通報の違いについては、櫻井稔『内部告発と公益通報』中央公論新社、二〇〇六年、二二一-二二五頁を参考にしている。
(13) ディジョージ、前掲書、三一五-三二一頁。
(14) 同上書、三二一-三二三頁。
(15) 宣伝会議『人間会議―職業倫理　良識が社会を変える―』二〇〇四・冬号（宣伝会議一月号別冊）二二四頁。
(16) 尾高邦雄『職業の倫理』中央公論社、一九七〇年、一〇頁。
(17) 同上書、一六-一九頁。
(18) 島田燁子『日本人の職業倫理』有斐閣、一九九〇年、一六-一九頁。
(19) 同上書、六六頁。
(20) 尾高氏は勤労の倫理を、「国家本位の職業倫理」「職場本位の職業倫理」「自己本位の職業倫理」「仕事本位の職業倫理」の四つに類型化している（詳しくは尾高、前掲書、四八-五二頁参照のこと）。

第三章　企業意識と職業意識

1　「場」と「資格」

「あなたの職業は何ですか」との問いに対する答え方には、異なる二つの反応の仕方がある。一つは欧米人に特徴的に見られるもので、「私はエンジニアです」というように、明確に職業を名乗るケースである。もう一つは日本人に特徴的に見られるもので、「私は○○会社の社員です」と、職業を名乗らず、自分の勤務する会社名を名乗るケースである。このような傾向は大企業に勤めている人ほど顕著である。その主な理由としては、企業名を名乗ることによって自分の社会的評価を高めることにつながることがあげられる。逆説的な言い方をするならば、わが国においては職業による社会的評価が未だ確立されておらず、企業名を名乗った方が自己のステータスを高める社会的評価につながる場合が多い。

こうした企業名を名乗る行動の根底には、わが国特有のエリート意識があるように思われる。受験戦争や入社試験といった厳しい競争環境を勝ち抜いてきた人びとにとって、大企業に入るということはまさに自己のエリート意識を体現することに他ならない。

ところで、日本人は単に自己の社会的評価を高めるために、あるいはエリート意識の観点から会社名を名乗ってしまうのだろうか。それ以外の要因や背景が隠されていると思われる。以下ではその点を探ってみたい。

日本人と欧米人の社会との関わり方の比較

図表3-1に見られるように、日本人は社会と関わりをもつ場合は、特定の集団や組織を介して社会と関わり合いをもっていく。つまり、集団に対する帰属意識が強く、たとえ個々の役割や集団内での仕事のイメージが明確にされなくとも、集団との感情的融和によって強く結びつけられている。こうした集団に対する帰属意識は、集団との全人的接触や集団に対する全面的参加を促し、集団との一体化を強くのぞむ。したがって、個人と集団との関係性はおのずと永続的になり、わが国の雇用慣行の特徴ともいうべき終身雇用へとつながっていった。

それに対し、欧米人は図表3-2に見られるように、自分が担当する役割や仕事を介して社会との関わりをもつ。つまり、個人はそれぞれが担当する役割や仕事など、限られた義務や責任を明ら

図表3-1　日本人の社会との関わり方

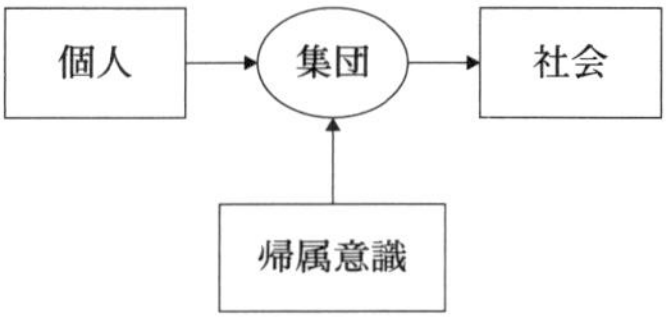

図表3-2　欧米人の社会との関わり方

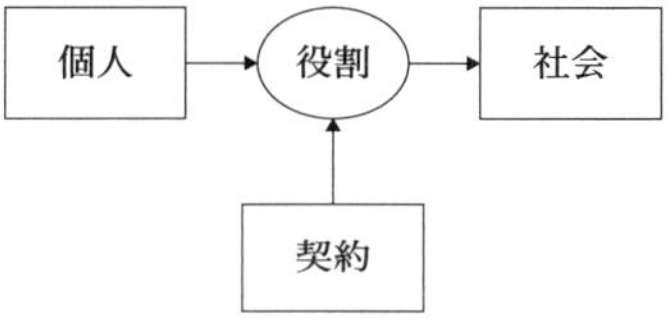

出所：岩田龍子『日本的経営の編成原理』文眞堂，1977年，51頁，54頁を参考に作成

かにする契約により、組織や集団と部分的（限定的）な関わり合いをもっていく。そこには特定の集団や組織のなかでどのような仕事をするのかという明確な認識があり、職業に対する強い意識の存在が見てとれる。

「資格」と「場」

中根千枝氏は、集団分析のカギとして「資格」と「場」の概念を用いて、個人と社会の関わり方を論じている。資格とは、俗に言うライセンスというものよりは幅広い概念を指しており、社会的個人の一定の属性を表している。[1] たとえば、生まれながらにして個人にそなわっている氏・素性、生後獲得した学歴・地位・職業、さらには資本家・労働者など経済的、社会的階層などが含まれる。

中根氏は、このような社会的個人の一定の属性を使うことによって、個人を他と峻別することを「資格による」集団の構成としている。[2] 具体的には、ヨーロッパに見られるギルドやマイスターに代表されるような特定の職業集団や、インドに見られるカースト集団などがあげられる。

欧米の労働市場は外部とのつながりをもった横断的な労働市場が形成されており、ジョブ・ホッピング現象に代表されるように、人の移動が頻繁

図表3-3　欧米の労働市場の特徴

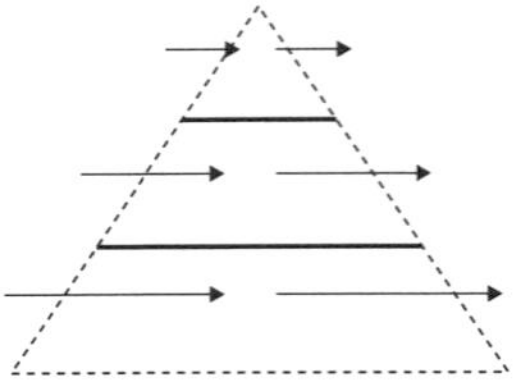
※ ──→ は人の移動を指している

図表3-4　日本の労働市場の特徴

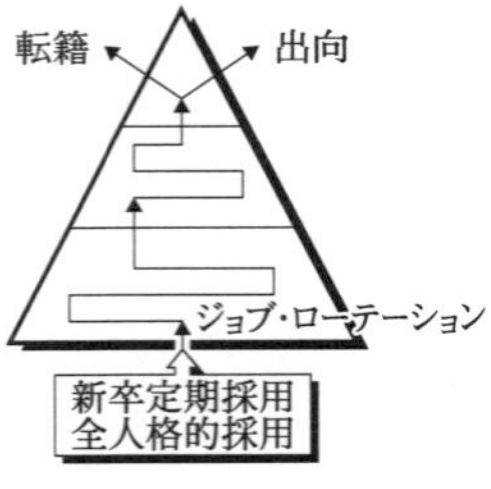

に行なわれる（図表3-3）。労働組合もわが国の企業別労働組合と異なり、産業別組合（industrial union）や職種別組合（craft union）が中心となっている。こうした横断的労働市場や産業別、職種別組合が一方で労働者の労働移動を可能にし、他方で産業レベルや職種レベルでの社会的階層の形成や「資格による」集団の構成を促進させる。このような資格による集団の構成が個人の職業に対する意識を醸成し、図表3-2に見られるように、個人は自分が担当すべき役割や仕事の内容を特定し、社会との関わりをもつ。つまり、欧米人は「資格」を重視し、「資格による」集団を構成する。こうした資格による集団は準拠集団が自己の専門性におかれたコスモポリタン的集団としての色彩が強くなる。

一方、「場」とは会社や所属集団などのように、資格の相違に関係なく、個人が一定の枠によって集団を構成している場合を指す(3)。図表3-1に見られるように、日本人は所属集団に対する帰属意識が強く、感情的融和による集団との一体化を強く望んでいる。別の表現をするならば、日本人は資格よりも「場」を重視する傾向が見られ、「場による」集団を構成する傾向が強い。

図表3-4はわが国の労働市場の特徴を表したものである。これによれば、わが国の労働市場は欧米とは大きく異なり、外部の労働市場と遮断された閉鎖的な内部労働市場(internal labor market)である点に大きな特徴がある。このような閉鎖的な内部労働市場は、人材の同質化を強めるとともに、所属集団に対する強いコミットメントを醸成し、「ウチ」と「ソト」の区分けを鮮明にする。

さらに、閉鎖的な内部労働市場は所属集団に対する定着志向や集団内での昇進志向を強める反面、自分の専門性や組織外での評判、つまりマーケットでの評価などに対する関心を低めてしまう危険性がある。つまり、準拠集団が特定の集団や組織におかれたローカル的集団としての色彩が強くなる。

このように、日本人が自分の職業を尋ねられた場合に、職業ではなく企業名を名乗ってしまうのは、単に自己の社会的評価を高めるためではなく、所属する集団に対する強い帰属意識と、資格よりも「場」を重視する志向性が大きな要因である。また、こうした「資格」や「場」の概念には、欧米と日本における労働市場の違いが大きく関与している。

2 「場」を重視する日本社会とその要因

なぜ日本社会では「場」が強調されるのか。日本では自分の会社とか所属する集団が社会における集団認識に大きな役割を果たしており、個人のもつ資格や職業自体は、ある特定のものを除いてあまり強く認識されることはない。

たとえば、日本人が自分の会社を「ウチの会社」という言い方をするのは、まさに集団認識の典型的なもので、日本人にとっては自分の会社は客体としての認識ではなく、われわれの会社と、主体化して認識されている。そこには、会社と自分は運命共同体であるとか、会社こそがわが命というようなエモーショナルな要素が多分に入り込んでいる。(4)

生活共同体としての「家」の存在

本書では、日本人が場を重視する要因を四つの視点からとらえてみたい。まず一つ目は生活共同体としての「家」の存在である。日本人の集団に対する意識のなかには、普遍的なイエ（家）の概念に基づく、生活共同体としての「家」が構成されており、明確な社会集団の単位となっている。津田眞澂氏によれば、生活共同体とは、「個人がみずからの人生を送るにあたって消極的ないしは積極的に加入する集団」(5)のことを意味しており、人間が社会生活を営むうえで不可欠な存在である。欧米では、図表3‐5に見られるように、共同生活体は地域コミュニティのなかに典型的に見られる。

図表3‐5からも明らかなように、欧米では企業に雇用される従業員の生活の中心は、家庭を中心とする生活共同体に置かれており、決して企業を中心とする側にはない。つまり、欧米では人び

図表3-5　地域コミュニティにおける共同生活体と企業

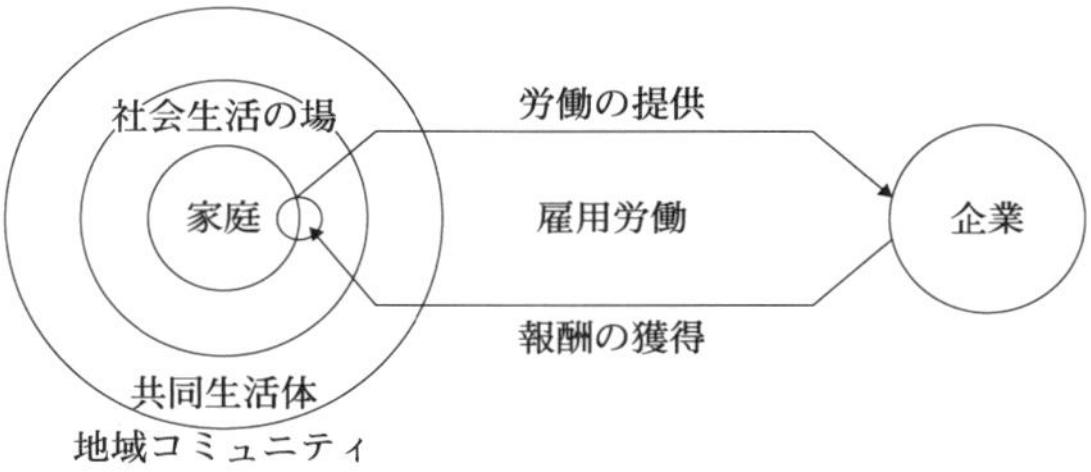

出所：津田眞澂『日本的経営の論理』中央経済社，1977年，199頁に加筆修正

とは家庭生活を中心に、身近な社会や地域社会と接点を有する生活圏を形成している。しかし、このような生活共同体には、生活を支える収入源ともいうべき経済的機能が欠けているため、人びとは共同生活体以外に職業の機会を求めざるをえない。その職業機会の場こそが企業で、人びとは生活を支える経済的収入源を得るために一定の時間、あるいは一時的にそこにとどまって働き、家庭を中心とする生活共同体の場に帰ってくる。[6] これからも明らかなように、欧米では真の生活の場は生活共同体の側にあり、企業の側にはない。

それに対し、日本では図表3-6に見られるように、人びとの家庭は地域社会や身近な社会との接点をもたず、孤立している。人びとが企業と雇用関係を結び、企業から収入を得ることに関しては、欧米と変わることはない。しかし、大きく異なるのは人びとの生活が企業を中心とする生活が中心となり、娯楽やスポーツ、さらにはレジャーまでもが自分が勤める企業の関係者と過ごすことが多い。つまり、わが国おいては津田氏が指摘しているように、「企業の共同生活体化」がすすんでいる。[7]

さらに、日本の企業においては、終身雇用制によって生涯にわた

図表3-6　日本社会における共同生活体化した企業

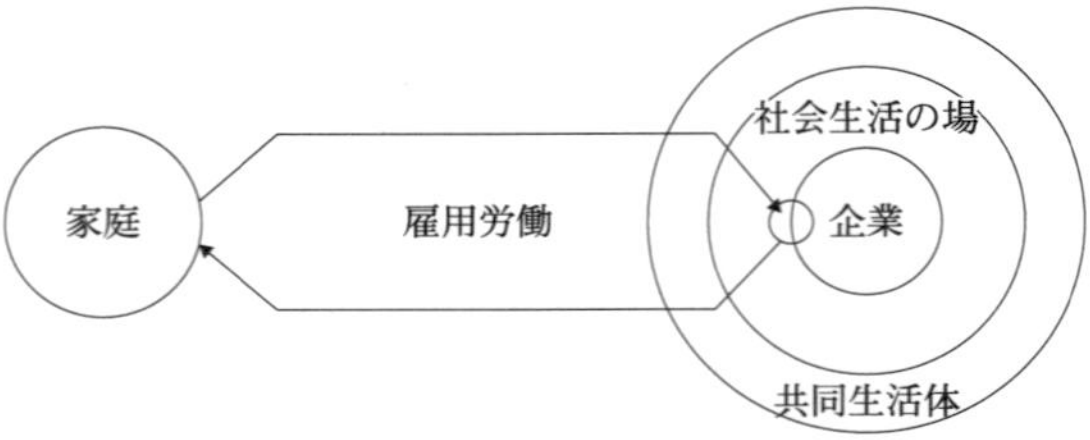

出所：津田眞澂『日本的経営の論理』中央経済社，1977年，204頁

る雇用関係が維持されるとともに、社宅、家族慰安旅行、結婚・出産その他の慶弔金支給など、従業員の私生活や家族にまで会社の機能がおよんでいる。(8) このような傾向は大企業ほど顕著で、かつての旧国鉄（現、ＪＲ）が「大家族主義、国鉄一家」を標榜したのを見ても明らかである。

企業の共同生活体化や家族ぐるみの雇用関係は、一方で所属集団に対するコミットメントを高め、〝ウチ〟と〝ソト〟の区別を明確にするとともに、他方で資格よりも「場」を強調させる。戦後の民主改革により家制度が廃止されたにもかかわらず、多くの日本人が自分の勤務する会社を〝ウチの会社〟と表現するのは、こうしたことの表れである。その点で、会社はわれわれ日本人にとって、疑似家制度とも言える。

集団と個、他律と自律

二つ目は日本人の行動様式としての「他律」である。荒木博之氏は、日本人の行動様式と西欧のそれとを比較する鍵概念としては、集団と個、あるいは自律と他律が極めて有効であるとしている。(9) 西

図表3-7　日本と西欧の社会的特徴の比較

【西欧の社会】	【日本の社会】
牧畜民的基礎文化	農耕民的基礎文化
↓	↓
牧畜的移動的個人社会	農耕的定住的共同社会（ムラ）
↓	↓
自律的個性（個の論理）	他律的個性（集団論理）
↓	↓
男性原理	幼児原理、女性原理

出所：荒木博之『日本人の行動様式』講談社、1973年、23頁

欧と日本の社会の成り立ちやその編成原理を比較すると、図表3-7のようになる。

西欧社会は、広大な草原を牧草を求めながら移動していく牧畜的移動社会がその中心となっていた。したがって、牧畜的移動社会は遊牧民に対するイメージのごとく、個人社会が前提となっているとともに、そこではおのずと集団の論理よりも「個の論理」や「自律」が優先される。個は集団に依存することなく、自らの行動と意思決定で生きていく術を獲得していく。欧米人が自分の職業を尋ねられた場合、企業名ではなく、職業、つまり「資格」を名乗るのは、このような牧畜的移動社会に特有的に見られる「個の論理」や「自律」が大きく作用していると思われる。

それに対し、日本社会は水稲栽培を中心とする農耕的・定住的な共同社会、いわゆる「ムラ」であるため、村八分に代表されるような集団の論理が絶対的価値となり、個人の自律性や恣意は許されていなかった。そこでは個の論理が全く通用せず、集団の論理がある種の行動規範となり、集団の構成員の行動を規制していた。集団の論理が支配する日本の社会では、われわれは集団に従属し、集団の

意志が個人の行動を決定していく「他律」的な個性として存在せざるをえない。かつて、日本の多くで見られたユイ、寄分、講その他さまざまな名称で呼ばれた隣保制度は、こうした日本の農耕的・定住的共同社会の特徴を端的に物語っている。

と同時に、農耕的・定住的共同社会においては、原始母神、母なる大地につながるものとして農耕文化のなかに女性原理を見ることができる。[10] 女性原理は集団の論理に従う他律的行動をうながすとともに、個人のなかにおける幼児性をも認める。まさに、土井健郎氏が提唱する「甘えの構造」に相通ずるものがある。日本人が職業を尋ねられた場合、企業名を名乗ってしまうのは、日本社会は集団の論理が支配する社会で、個人は集団に従属し、集団の論理にしたがった「他律」的行動を起こしやすいからである。つまり、日本社会では、われわれは集団に従属し、集団の論理に従う「他律」的存在でいいという甘えが許され、「自律」する個が強く求められていない。

集団主義の存在

日本人が「場」を重んずる三つ目の要因は「集団主義」である。間宏氏は日本の企業を支える日本人の行動特性として「集団主義」を重視している。氏によれば、集団主義とは、「個人と集団の関係で、集団の利害を個人のそれに優先させる集団中心（集団優先）の考え方」で、「道徳的意味も加わって、そうするのが望ましいとか善いことだとする考え方」である。[11] 一部の識者においては、集団主義は欧米の個人主義の対立概念として想定されたもので、日本人の心情や行動特性を説明するのにふさわしくないとの批判もあるが、[12]やはりわれわれ日本人の行動特性を説明するにはかなり説得力をもっていると言わざるをえない。

集団主義の下では、個人と集団とは対立する関係とはならず、感情的融和に基づく一体の関係になる。つまり、わかりやすく言うならば、集団主義の下では組織メンバーの全人的接触が行なわれ、個人と集団、さらにはそれぞれの利害が一体化する。テンニースが主張するところのゲマインシャフトに極めて近く、言うなれば日本の会社は「疑似ゲマインシャフト」と呼ぶのがふさわしいかもしれない。[13]

さらに、間氏は日本的労使関係が従業員をたんなる労働力商品としてみるのではなく、その家族も含めて生活全体の面倒をみて、生活の安定の場づくりをすることにより、一種の企業コミュニティを作り上げていることを指摘している。[14]

同様のことを尾高邦雄氏も指摘しており、日本的経営における集団主義的慣行は、集団主義の価値志向を企業経営に導入したもので、そこでは集団は運命共同体化しており、個人の能力発揮や欲求充足に先んじて、集団の全体的秩序の存続反映と生活の全体的な安寧幸福が重視される。[15]

このような集団主義や集団主義的慣行は、個人と所属集団（会社）とのより一層の一体化を促進させ、個人の集団に対する盲目的な従属をうながす。こうした集団に対する盲目的従属が個人の自律を阻害するとともに、「資格」に対する思い入れや志向性を弱めてしまう。

技能形成のあり方

日本人が「場」を重んずる四つ目の要因は「技能形成のあり方」である。わが国の技能形成は、当初は労働者の経験による技能習得をベースにしていたが、その後「養成工制度」に代表されるような企業による技術教育を前提にしたＯＪＴシステムにより行なわれた。

さらに、高度経済成長期を境に、要員管理における少数精鋭化の要請から「多能工化」が模索されるようになった。多能工は、さまざまな職場を交代移動するジョブ・ローテーション方式による幅広いＯＪＴを通じて養成された。しかも、ＯＪＴはマニュアル化された教育システムではなく、先輩の技を盗んで覚えるといったような再現性が難しい教育手法である。

このような先輩の経験を通して習熟した技、つまり暗黙知を半熟練労働者に伝播させていくＯＪＴを中心とした技能形成は、一方で習得技能の特殊性を高めるとともに、他方で労働者の個別企業への隷属性を高める。その結果、労働者の習得技能は他社で活用できない非汎用的技能、すなわち企業特殊技能（firm-specific-skill）としての色彩が強くなる。と同時に、習得技能の特殊性は労働者の労働移動の困難性を高め、図表3-4に見られるように、わが国の労働市場を閉鎖的な内部労働市場と導いていく。こうした技能の特殊性や内部労働市場の存在が、わが国の雇用システムの特質ともいうべき終身雇用、年功昇進・年功賃金、企業別組合を可能にした。

わが国における技能形成のあり方が個別企業の固有技能の習得を中心としているため、労働者の労働移動の困難性を高め、結果として個別企業への隷属性を高めてしまう。われわれ日本人が職業ではなく、企業名を名乗ってしまう傾向が強いのは、こうした技能形成のあり方が大きく影響している。つまり、わが国では習得した技能はどの企業でも通用するという普遍性はもたず、特定の企業にのみ有用で個別的な価値をもつにとどまり、欧米にみられるようなコスモポリタン[16]的性格の強い専門職業人やプロフェッショナルは育ちにくい。

3　企業意識と職業意識

これまで何度も述べてきたように、日本人は自分の職業を尋ねられた場合、職業ではなく、自分の勤める会社名や企業名を名乗ってしまうケースが多い。また、自分の会社について語る場合、無意識のうちに「ウチの会社」と言ってしまう場合が多い。前節ではこのような要因として、日本人は自分の所属する集団に対する帰属意識が強く、資格よりも「場」を重視しやすいことを指摘してきた。ここでは、さらにもう一歩踏み込んで、企業意識と職業意識の観点から、なぜ企業名を名乗ってしまうのかについて考えたい。

企業意識の存在

すでに第二章の不正事件のところで言及したように、不正事件は一つには信頼、誠実さという根本的な規範からなる道徳的義務が欠落し、経済的きずなのみを重視したことが要因と思われる。もう一つの理由としては、滅私奉公型の帰属意識の存在が考えられる。滅私奉公型の帰属意識は、個人と会社との一体化を促進させ、自分の会社を客観化する視点を失わせてしまう。つまり、企業は主体化された存在と認識され、個人と会社の運命共同体化をうながす。このような個人と会社の運命共同体化が強い企業意識を形成していく。

しかも、個人と会社の運命共同体化により醸成された企業意識は、日常生活の多くを企業を中心としたものにする。図表3-6に見られる共同生活体化した企業がそれを物語っている。つまり、企業意識は生活に根ざす強い必然性をもっており、従業員にとっては、企業意識は文字通り生活意識に他ならない[17]。

企業意識は個人と会社の一体化を促進させ、自分の会社を客観化する視点を失わせるとともに、われわれの共同体生活を企業を中心としたものにしていく。したがって、おのずと企業意識は生活意識に近くなり、生活者の情念が入りやすくなる。われわれの生活意識と密着した企業意識は、極めて強力で、ウチとソトを明確に区分した閉鎖的なものとなりやすい[18]。

さらに、企業意識はそれが強まれば強まるほどその排他性が強くなり、所属する企業への隷属性を高め、盲目的な献身につながる危険性が出てくる。一連の不正事件はまさにこのような盲目的な献身を引き起こさせた企業意識が生んだといえる。

企業意識はどう作られたか

企業意識はアウトサイド・イン方式とインサイド・アウト方式の二つの方法で形成されていく。アウトサイド・イン方式は、図表3-8に見らるように、社会化（socialization）や教育などを通して企業意識を形成していくやり方である。企業意識が形成されるためには、まずその前提ともいうべき創業者の経営理念や経営哲学が必要になる。この創業者の経営理念や哲学は採用基準に反映され、組織に入ってくる者を採用基準に照らしスクリーニングする。さらに、スクリーニングをパスし採用された者に対し、経営者やトップマネジメントなどが、経営理念や会社のビジョンなどを、入社式や創立式典などの儀式（セレモニー）や社史、内部のみで通用する独特な言語や言い回しなどを通じて、組織のメンバーの中に注入していく。企業意識は組織に入ってきた者に対するこうした創業者の経営理念や哲学などの社会化の過程を通して形成されていく。

もう一つはインサイド・アウト方式による企業意識の醸成である。これまで見てきたように、企業意識は所詮企業内世界への関心であり、究極的には企業の防衛とわれわれの生活の安定維持を目指すものである。われわれの生活と密着し、個人と会社の一体化を促進させ、会社を主体化された存在として認識させる企業意識は、前述のアウトサイド・イン方式により、外側から強制されたり、意図的な誘導などにより、容易に醸成できるものではない。

マズローが指摘しているように、人間には集団に所属したいとする社会的欲求（belong need）が存在しており、それが具現化したものとして集団に対する所属の意識をもっている。個々人がもっ

図表3-8　企業意識の形成過程

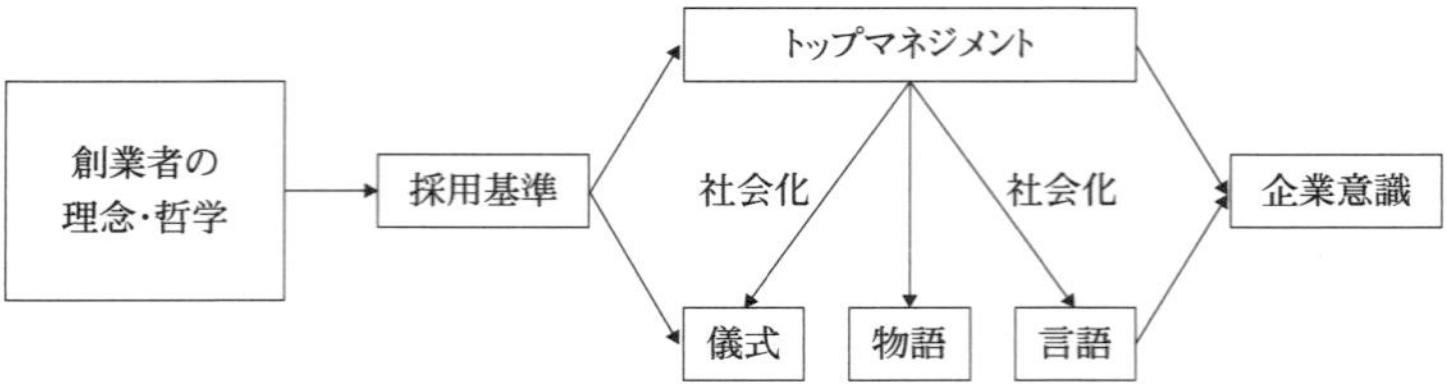

ている所属意識を運命共同体的思想にまで高める企業意識は、その組織や会社で働くことが快で、その組織や会社に所属することが自分の社会的評価やステータスを高めることにつながるという信念や価値観を信奉するところから生まれる。

個人と会社の一体化や運命共同体化を促進させる企業意識は、当該組織に所属する心地よさや所属することによってもたらされる社会的評価・評判など、自己の内面的な満足感やプライド充足によって形成されていく。つまり、企業意識は自分が所属する組織に納得をし、誇りをもつといったようなインサイド・アウト的な内面的充足感や満足感によって形成される。

こうした点から、企業意識が形成されやすいのは、所属企業に誇りとプライドをもてる大企業の方が可能性が高いものと思われる。終身雇用の導入も大企業の方が高いのは、中小企業と比較して企業の成長性その他の諸条件の影響もあるが、企業意識の存在が大きな要因と考えられる。

また、学問の系統としては理系・技術系の人材よりも、文系・事務系の人材の方が企業意識が芽生えやすいと思われる。なぜならば、理系・技術系の人材はその専門分野が明確で、やっている仕事が特定しやすかったり、仕事のイメージがしやすいのに対し、文系・事務系の人材の仕事のイメージは間接的な業務が多く、具体的な仕事のイメージがしにくいからである。つまり、文系・事務系の人びとの仕事は働く姿を具体的にイメージしにくく、理系・技術系の人びとよりも仕事に対するアイデンティティをもちにくい。したがって、アイデンティティの向かう先はどうしても所属集団となりやすい。

職業意識の必要性

ところで、このような企業意識は、企業内世界への関心であって、企業の防衛とその結果としての自らの生活安定を目指すものである。したがって、企業意識は給与や報酬と関連はしても、仕事の内容や職業とのつながりは弱くなる。企業意識とは、あなたの職業はなんですか、と尋ねた場合、「会社員」ですと答えるのと同じで、その人がやっている仕事や職業のイメージができない。会社員とは、仕事の行なわれる形を示すに過ぎず、「仕事」そのものを指す言葉ではない(19)。必要なのは、われわれが特定の企業に入り、単に会社員となるのではなく、そこでの仕事や職業を通して労働の世界と出会うことができるよう状況を作り上げることである。

また、企業サイドにおいてもわれわれが本来もっている集団に対する所属意識を高めるためには、その意識が快く存続できるような環境や状況を作ることが重要となってくる。

このような目的を達成するためには、会社や組織で働く人びとが手応えのある仕事をすることが可能となるような環境整備が必要となる。ここに、働く側にも、企業側にも職業意識が必要とされ

図表 3-9　企業意識と職業意識の比較

企業意識	職業意識
●“集団”あっての個人 ↓ 個人：集団＝融合、一体化 ●集団に対する自己犠牲が高い ↓ 忠誠心の醸成 ●「場」の共有 →“分限”の倫理 ⇩ 企業意識の醸成 〈その特徴〉 ・企業内世界への関心 ・労働の報酬をめぐる意識 ・企業と自分が一体化 →企業を客観化できない ・企業の枠を越えられない	●“個人”あっての集団 ↓ 個人：集団＝対立、葛藤 ●仕事に対する自己犠牲が高い ↓ 使命感の醸成 ●「資格」の共有 →“専門”の倫理 ⇩ 職業意識の醸成 〈その特徴〉 ・仕事そのものへの関心 ・労働の内容をめぐる意識 ・企業と自分とに適度な距離 →企業を客観化 ・企業の枠を越える

る理由がある。職業意識とは、企業で働く個々の人びとの内深くに生きて働く意識で、「外に対して感じる責任」と「内に対して覚える仕事の手応え」とが結びついたものである[20]。この定義に従えば、出来の悪い商品やサービスといったものは自分の恥となり、自分の職業的良心に悔いのない仕事を求めて止まないこととなる。見方を変えるならば、職業意識をもってわれわれが仕事をするならば、仕事そのものが自己表現の場となり、いやでも自分の仕事の結果に無関心ではいられなくなる。第二章で見てきた不正事件は、そこで働く従業員が企業意識ではなく、職業意識をもって仕事に臨んでいれば未然に防げたかもしれない。ある意味で、職業意識は自分の会社や仕事を客観化する視点をもっていると言えよう。

さらに、企業意識は企業の内部に目を向けるのに対し、職業意識は仕事そのものやその成果に関心が向けられる。つまり、われわれは職業意識をもって仕事に臨めば、会社を介せず、企業の外の世界と向き合うこととなる。したがって、自然発生的に同じ仕事をするもの同士が意見交換をしたり、それぞれの技術を磨きあったりする機会が増える。ここに、プロフェッショナリズムや職業倫理が誕生する可能性がある。このように考えると、職業意識は企業という枠を越える可能性があることがわかる。

最後に、企業意識と職業意識の違いまとめると、図表3-9のようになる。

4　職業意識の自覚

職業意識とRJP

これまで見てきたように、今、働くわれわれに求められているのは「職業意識」である。職業意識を最も端的に表現するならば、われわれが仕事をする上で、最良の商品やサービスを提供することをモットーとすると同時に、自分の作った製品や商品、提供したサービスに自信と誇りをもつことである。わたしの知り合いで、大手の教育関連の会社に勤めている人がいるが、そこの会社では入社する前に、自分たちの会社に入社する人達には、必ず一度はフランチャイズ展開している教室を訪問させ、そこでの授業風景や教材などを見てもらっているそうである。これは、最近、企業の採用担当者の関心を高めているＲＪＰ（Realistic Job Preview）に該当する。ＲＪＰとは、入社前に企業の良い面も悪い面も含めて、現実的な仕事内容や職場の環境、雰囲気、社風などをエントリー者に対してできる限り明らかにした上で、採用者の選定を行なうものである。これには会社とエントリー者との採用をめぐるミスマッチを減少させ、早期離職を防ぐ効果がある。

職業意識を自覚させていくためには、このような現実的な仕事内容や職場環境といったものを早い時期から提示し、仕事に対する興味やアイデンティティを喚起していくことが強く求められる。同社では、こうした試みを行なってきた効果か、会社は嫌いであったり、あまり好きではなくとも、同社が子どもたちに提供する商品、すなわち教材やその教授法は好きであるといった社員が少なからず存在しているという。彼（女）らにとっては、明らかに職業意識の萌芽が見て取れる。

「キップを切るからＪＲ職員？」

一方、黒井千次氏は職業意識を大変ユニークな視点からとらえ、その重要性を指摘している。氏はある旧国鉄職員の「自分は国鉄職員であるからキップを切るのか、キップを切るから国鉄職員であるのか」といった自問を題材にし、「キップを切る」から国鉄職員であることを強調している。[21] つまり、国鉄職員であるからキップを切ると仮定した場合、国鉄という企業の枠組みを越えることができず、企業意識で考察してきたように、結果として国鉄という企業体を客観的にとらえることはできない。キップを切るから国鉄職員と仮定した場合は、私鉄各社との鉄道事業に関わるサービスの品質を比較することができ、国鉄という枠を越えて客観的な視点からとらえることができるという訳である。

「キップを切る」から国鉄職員と考えると、キップを切る行為（労働）を自己表現の場としてとらえることにつながり、否応なしに自分の労働の結果に関心をもたざるをえなくなる。現在は自動改札になっており、現実味に欠ける話ではあるが、キップの切り方やスピードに関心と誇りをもてば、当然、私鉄の人たちのキップを切る行為（労働）と自分のそれとを比較したくなる。そこに、「外に対して感じる責任」と「内に対して覚える仕事の手応え」が結びついた職業意識や職業倫理、さらにはプロフェッショナルとしての自覚が芽生えてくる。

仕事を通して外側に目を向ける

今日のわれわれの働き方や仕事ぶりは自己表現たり得る条件をあまりにも大きく欠いていることも事実である。第二章で考察した昨今の企業の不正事件をみれば一目瞭然である。しかし、第一章第二節で見てきたように、若年層においては準拠集団を会社よりも仕事におくコスモポリタン的傾向が強まり、ますます仕事志向が高まりつつある。

さらに、われわれは一方で企業に属するとともに、他方で労働や仕事を通して直接社会との関わりをもっている。したがって、仮に自分の仕事を通して社会に損害を与えたとした場合は、企業もその責任を負うと同時に、われわれ個々人も責任を負っていかなければならない。決して企業のみの責任として処理することはできない。まさに、ここに企業内部で働くわれわれの職業人としての倫理や良心が必要とされる所以がある。

今、企業で働くわれわれに求められているのは、このような職業意識の自覚と成熟化である。これは企業の責任で行なうものではなく、われわれが日々の仕事や労働を通して個々人ではぐくんでいくものである。職業意識とは、決して外から強制されて醸成されるものではない。特に、最近では若年層における仕事志向の高まりや雇用の流動化、さらにはプロフェッショナリズムの台頭などにより、企業の枠組みを越えた職業意識や職業倫理がこれまで以上に必要とされている。もちろん、このような横断的職業社会の到来を想定し、職業意識や職業倫理を流布し醸成していく研究機構や推進団体などの設置は必要と思われるが、今こそ、働くわれわれが会社を中心に考えるのではなく、仕事を自己表現の場としてとらえ、仕事の視点から外側に目を向けることが強く求められている。

注

(1) 中根千枝『タテ社会の人間関係』講談社、一九六七年、二六頁。
(2) 同上書、二七頁。
(3) 同上書、二七頁。
(4) 同上書、三一頁。
(5) 津田眞澂『日本的経営の論理』中央経済社、一九七七年、一三九頁。
(6) 同上書、一九七―二〇〇頁。

（7）同上書、二〇四–二〇六頁。
（8）中根、前掲書、四二–四三頁。
（9）荒木博之『日本人の行動様式』講談社、一九七三年、二〇頁。
（10）同上書、二五頁。
（11）間宏『日本的経営』日本経済新聞社、一九七一年、一六頁。
（12）濱口恵俊氏は、集団主義と個人主義は社会システムの編成原理の二つの類型として対置されてきたとの認識にたち、こうした二元論的枠組みでは集団主義と個人主義は相対する行動原理になってしまうことを強調している。
さらに、濱口氏は集団と対等に位置づけられるような個人は日本社会では存在しえないとの考えに基づき、集団主義に代わるものとして「間人主義」（contextualism）を提唱している。間人主義は①相互依存主義、②相互信頼主義、③対人関係の本質視といった基本属性から成り立っているとしている（詳しくは濱口恵俊『間人主義社会 日本』東洋経済新報社、一九八二年、濱口恵俊、公文俊平編『日本的集団主義』有斐閣、一九八二年を参照のこと）。
（13）間、前掲書、一八–一九頁。
（14）間宏『日本における労使協調の底流』早稲田大学出版部、一九七八年、八頁。
（15）尾高邦雄『産業社会学』岩波書店、一九八一年、四三頁。
（16）グルドナーはローカルとコスモポリタンといった概念を援用し、企業経営組織と組織成員の機能的自律性との関係性について説明している。ローカルは、所属組織へのロイヤリティは強いが、専門的技術へのコミットメントは低く、自分の専門よりも所属組織との一体化を強く志向している。
それに対し、コスモポリタンは自分の専門的技術に対するコミットメントは強いが、所属組織に対するロイヤリティが低く、準拠集団が組織の外部に存在している点に大きな特徴がある。つまり、コスモポリタンは自己の技能や知識を示したり広げたりするために、そうした目的をもつ外部の組織や団体に参加する（詳しくはA.W. Gouldner, 'Cosmopolitans and Locals: Toward an Analysis of Latent Social Roles— I・II' *Administrative Science Quarterly* (Dec, 1957, March 1958) を参照のこと)。

(17) 黒井千次『働くということ』講談社、一九八二年、一二四-一二五頁。

(18) 同上書、一二七頁。

(19) 同上書、一〇九頁。

(20) 同上書、一二〇頁。

(21) 同上書、一二九頁。

第四章　多様な働き方の光と影

1　働き方の多様化と人材ポートフォリオ

多様な働き方の進展

働き方の多様化が進みつつある。これまでは長期雇用を前提にフルタイムで働く正社員としての働き方が中心であった。しかし、最近では短期的雇用契約に基づく契約社員、パート・アルバイトとしての働き方、雇用先とは別の使用者の指揮命令下で働く派遣労働者、業務請負会社などから派遣されて働く請負労働者としての働き方、さらにはＩＴ（情報通信技術）を利用して自宅で仕事をするテレワークやＳＯＨＯ（Small Office Home Office）としての働き方など、多様な働き方が出はじめている。

図表4-1　雇用者全体に占める非正規雇用者の割合

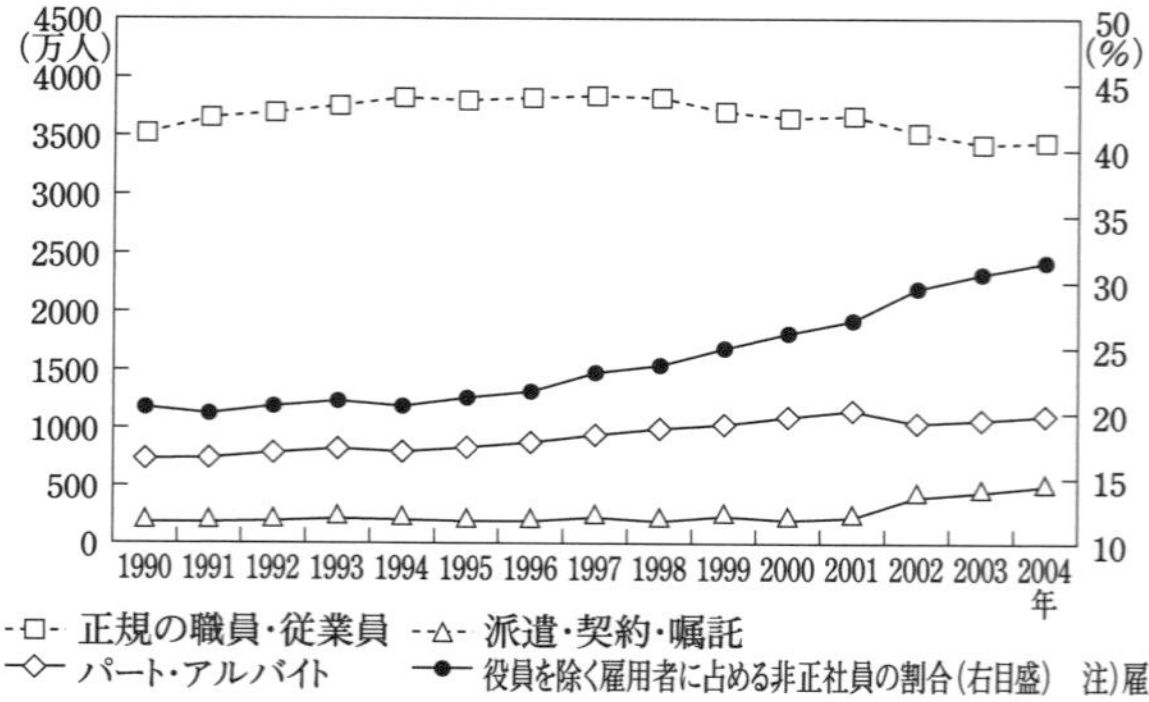

総務省「労働力調査」「労働力調査特別調査」をもとに作成

注）雇用者には役員を含めない。

出所：樋口美雄・八代尚宏編『人事経済学と成果主義』日本評論社，2006年，89頁

数字を見ても、正社員の雇用者全体に占める割合は年々低下しているのに対し、正社員以外の非正規雇用者の割合は年々増加傾向にあり、ついに二〇〇三年度においては三〇%を超えた（図表4-1）。しかも、図表4-1のデータには雇用者しか含まれておらず、わが国に現在増加しつつあるフリーエージェントやインディペンデント・コントラクターなどの個人事業主が除外されている。この点を考慮すると、正社員以外の非正規雇用者は実際にはもっと多いと思われる[1]。

多様な働き方の要因

このように、多様な働き方の進展により非正規雇用者が増加しているのは、一方では働く人びとの会社観・組織観、職業観などの変化による影響が大きく、他方では企業サイドにおけるストック型人材とフロー型人材を組み合わせた新たな人材活用戦略の導入・展開による影響が大きいと思われる。正社員の会社観・組織観や職業観

図表 4-2　現在の就業形態を選択した理由（複数回答）

	パートタイム労働者	派遣労働者
第１位	家計の補助、学費等を得たいから（42.3%）	正社員として働ける会社がなかったから（40.0%）
第２位	自分の都合のよい時間に働けるから（38.8%）	家族の事情や他の活動と両立しやすい（23.5%）
第３位	通勤時間が短いから（33.2%）	組織にしばられたくない（23.1%）
第４位	勤務時間や労働日数が短い（28.8%）	専門的な資格・技能が活かせる（21.1%）
第５位	自分で自由に使えるお金を得たい（28.0%）	自分で自由に使えるお金を得たい（16.7%）

出所：厚生労働省「平成15年就業形態の多様化に関する総合実態調査」より作成

の変化についてはすでに第一章で述べたので、ここでは短時間のパート労働者と派遣労働者がなぜ今の働き方を選択しているのかを見ていきたい。厚生労働省「平成一五年就業形態の多様化に関する総合実態調査」によれば、短時間のパート労働者の多くは、家計補助など経済的理由や働く時間帯、通勤の便利性などの労働条件の柔軟性を重視して、現在の働き方を選んでいる（図表4-2）。

それに対し、派遣労働者は「正社員になれなかった」という消極的な理由と、「家族の事情や他の活動と両立しやすい」「専門的な資格・技能が活かせる」などの積極的な理由から、現在の働き方を選んでいる（図表4-2）。

一方、企業が正社員とパート労働者、派遣労働者などの非正規雇用者とを組み合わせた人材活用戦略をとるのは、市場の不確実性への対応や迅速な事業展開、グローバルな競争の展開、さらには減速・安定経済下における人件費負担の軽減化などが主な要因と考えられる。前述の厚生労働省の調査においても同様の結果が出ている。つまり、短時

図表 4-3　非正規雇用者を採用する理由

	パートタイム労働者	派　遣　労　働　者
第1位	賃金の節約（55.0%）	即戦力・能力のある人材を確保する（39.6%）
第2位	1日、週の中の仕事の繁閑に対応する（35.0%）	賃金以外の労務コストの節約（26.6%）
第3位	賃金以外の労務コストの節約（23.9%）	景気変動に応じて雇用量を調節する（26.4%）

出所：厚生労働省「平成15年就業形態の多様化に関する総合実態調査」より作成

間のパート労働者と派遣労働者では結果において一部違いはあるものの、非正規雇用者を採用する理由は、賃金を含めた労務コストの節約と景気変動に応じた雇用調整が主な理由である（図表4-3）。人件費の変動費化が企業サイドの非正規雇用者を採用する隠された本音である。もちろん、「専門的業務に対応するため」といった積極的な理由が存在することは否定できない。

このように、企業は正社員であるストック型人材と非正規雇用者であるフロー型人材を組み合わせるとともに、内部の労働市場の需給状況に応じたオン・ディマンド型の人材採用を行なっていかざるをえない。非正規雇用者の増加は単に働く側の人びとの価値観や職業意識の変化のみで起こるものではなく、企業サイドのこうした隠された本音ともいうべき人材活用戦略と相まってはじめて可能となる。

求められる人材ポートフォリオ

今後は多様な働き方のさらなる進展、非正規雇用者の増加により、企業における人材マネジメントのあり方も正社員を中心とするものから、多様な人材の能力や特性を最大限に引き出せるようなものに転換していかなければならない。その手法として考え出されたのが人材ポートフォリオないしは雇用ポートフォリオと呼ばれるものである。本書では二つの人材ポートフォリオをとりあげる。

まず一つ目は私が考えるものである。この人材ポートフォリオの縦軸は、会社との関係性を表しており、会社との一体化を希求するか（帰属意識）、それとも会社は必要なものを手に入れる集団の一つと考えるか（所属意識）により区分される。横軸は準拠集団、つまりコミットメントの対象を表しており、会社重視かそれとも自分の専門性や仕事内容を重視するかにより区分される（図表4-4）。

ゼネラリストは、帰属意識に裏打ちされた典型的な会社人間で、定年までの安定雇用を強く望んでいる。また、ゼネラリストはジョブ・ローテーションを通じた幅広い職務経験を経て育成され、将来の経営幹部候補となるべき人材群でもある。こうしたゼネラリストに対する報酬としては、担っている役割や仕事に応じた役割給、能力に応じた職能給、さらには両者を混合した年俸制などが考えられる。

スペシャリストは、会社に対する帰属意識はあるものの、コミットメントの対象としては会社よりも仕事や市場における自分の評価・価値の方を重視する。スペシャリストは、主に研究開発、技術、法務、財務・経理、システムなどの専門分野でコア・コンピタンス（核となる専門性）を有しており、企業の競争優位を左右する専門職として育っていく人材群である。したがって、報酬も人

図表 4-4　人材ポートフォリオ

帰属意識（終身雇用）

準拠集団＝組織			準拠集団＝仕事、専門性
	ゼネラリスト（会社人間）	スペシャリスト（専門職）	
	テンポラリーワーカー（パート、アルバイト、派遣労働者など）	プロフェッショナル（職業人）	

所属意識（短期雇用）

出所：服部治・谷内篤博編『人的資源管理要論』晃洋書房、2000年、45頁

材の外部流出を防止する観点から市場価値（market value）を考慮に入れた設計が望まれる。

ゼネラリスト、スペシャリストは、それぞれ準拠集団やコミットメントの対象には違いはあるものの、会社に対する忠誠心や帰属意識があり、終身雇用をベースにしたストック型人材、すなわち正規雇用者として位置づけられる点に両者の共通点はある。

それに対し、パート労働者、アルバイト、派遣労働者などのテンポラリーワーカーと、市場価値のある高度な専門性を有したプロフェッショナルは、会社に対する忠誠心や帰属意識が低く、状況次第では会社を変わる可能性がある、フロー型人材、すなわち非正規雇用者である。したがって、両者の雇用契約は期間を定めた有期の雇用契約となる。テンポラリーワーカーはコンティジェント・ワーカーと呼ばれる場合もあるが、企業の経営効率の追求の観点から、今後ますます増加が予想される。

テンポラリーワーカーに対する報酬は、原則、時間給ないしは担当する職務の価値に基づく職務給が基本となる。ただし、派遣労働者の場合は職種により市場価格が設定されており、それに基

図表4-5　日経連の雇用ポートフォリオ

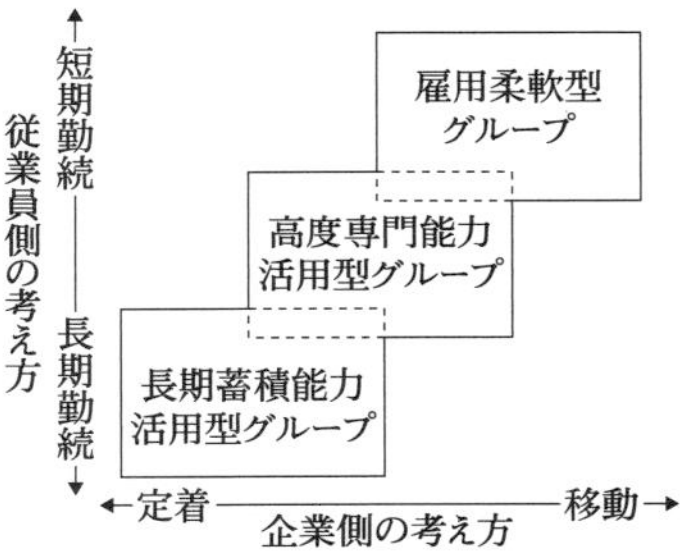

注1)雇用形態の典型的な分類。注2)各グループ間の移動は可。

出所：日本経営者団体連盟『新時代の「日本的経営」』1995年，32頁

づく運用が望ましい。

一方、プロフェッショナルの報酬は、その専門性の市場価値を反映した年俸制が望ましい。今後は若年層における仕事志向の高まりやプロフェッショナリズムの台頭、さらには新たな競争優位の創出などから、テンポラリーワーカーと同様、ますます増加するものと思われる。日経連も図表4-5のような雇用ポートフォリオを発表し、今後数年間のうちに、長期蓄積能力活用型人材は減少するが、高度専門能力活用型および雇用柔軟型人材は相当増加すると予想している[2]。

働き方において問題となるのは、テンポラリーワーカーとプロフェッショナルである。連合総合生活開発研究所の調査（二〇〇三年）によれば、テンポラリーワーカーの非正規雇用者は、契約により仕事の範囲が狭く限定されたり、昇進の可能性も管理的ポジションにはつけない。その結果として、非正規雇用者は定型的業務をこなせる程度の技能しか習得できず、ビジネス・キャリアがほとんどつかない[3]。

そのため、正社員への転換がむずかしく、テンポラリーワーカーとしての働き方を再び選択せざるをえない。長期的な視点から幅広い業務を経験させて技能習得をはかっていく正社員とは、仕事、キャリア形成の両面において大きな格差が存在する。

プロフェッショナルの働き方として問題になるのは、自分の専門性や能力に見合った処遇や責任・権限、さらには組織上のポジションが得られるかどうかである。わが国の労働市場は閉鎖的な内部労働市場を中心としているため、欧米に見られるような横断的な労働市場がなかなか形成されにくい。その結果、個人の専門性に関する社会的評価やそれに応じた報酬体系は未整備のままである。一部、SEや百貨店のバイヤーなどに関しては、横断的な労働市場が形成されつつあるとの見方もあるが、定かではない。プロフェッショナルとしての働き方を希望する場合は、自己に対する評価が不利に働かないよう、ヘッドハンティング会社などを活用せざるをえない。

リクルートの人材ポートフォリオ・マトリクス

もう一つの人材ポートフォリオはリクルートワークス研究所が提唱するものである。図表4-6からも明らかなように、この人材ポートフォリオは、企業の生み出す価値が差別化できるものか、汎用性の高いものか（縦軸）と、実現される価値が現在の収益を最大化するものか、将来の企業価値を高めるものなのか（横軸）によって、企業に求められる人材を四つのタイプに分類している。

この人材ポートフォリオは、従業員の考え方や志向性を中心にタイプ分類している人材ポートフ

図表 4-6　人材ポートフォリオ・マトリクス

企業特殊価値	第 2 領域【企業固有のルーティン】 ●仕事タイプ その企業独自であるが成熟した知識や思考パターンを活用して日常的な課題解決と改善を実施する ●人材タイプ 企業固有の知識を学習する能力があり、それを学習することにインセンティブをもちうる人材 ●就業パターン 期間限定的雇用契約	第 1 領域【コア・ケイパビリティ】 ●仕事タイプ 他企業との差別化の源泉となる中核的知的資本を創造・活用して、将来にわたる価値創造の仕組みや仕掛けを構築する ●人材タイプ 企業内に長期にとどまることを前提にし、企業特殊なケイパビリティや技術を積極的に獲得しようとする人材 ●就業パターン 期間の定めのない雇用契約に基づく社員（正社員）
市場汎用価値	第 3 領域【一般的ルーティン】 ●仕事タイプ 外部で学習可能な、整備された知識やスキルを用いて日常的な業務を推進する ●人材タイプ 雇用契約の有無にかかわらず、多様な外部人材を活用しうる。業務全体を切り離して外部アウトソーサーへ一括委託することも可能 ●就業パターン 短期雇用契約のパート・アルバイト、人材派遣スタッフ、アウトソーサー	第 4 領域【専門プロフェッショナル領域】 ●仕事タイプ 市場やビジネスの世界で確立された、高度に専門的な知識や技術を用いて課題解決を行ない、技術や仕組みの革新を進める ●人材タイプ 特定分野における高い専門性や深い実務経験をもつ人材 ●就業パターン プロフェッショナル（コンサル、法律事務所、会計事務所）へのアウトソーシング、高度専門能力をもつ人材との雇用契約
	現在価値最大化	将来価値創造

出所：樋口美雄・八代尚弘編『人事経済学と成果主義』日本評論社、2006年、93頁

ォリオとは大きく異なり、企業の生み出す価値を分類基準にしている点に大きな特徴がある。さらに、このポートフォリオは将来に向けた時間軸を考慮に入れるとともに、人材タイプごとの仕事内容や就業パターンを明らかにしており、多様な働き方に対する人材マネジメントのあり方に多くの示唆を与える内容となっている。

リクルートワークス研究所では、こうした人材ポートフォリオは単に人材タイプごとのマネジメント手法を構築するために存在するといった静的なとらえ方はしておらず、企業の成長や環境変化により、組み替えていくべきものと考えている。つまり、人材ポートフォリオ・マネジメントにおいては、仕事や人材の変化に応じて人材ポートフォリオを組み替えていく動的マネジメントが必要であることを強調する。(4)

2　派遣労働という働き方の光と影

増加する派遣労働者

これまでの働き方は、期間の定めのない雇用契約をむすび、長期にわたり勤務する正社員が主であった。しかし、従来の働き方とされた正社員が減少する一方で、パートタイム労働者、派遣労働者などの非正規雇用者が増加している。厚生労働者の「平成一五年就業形態の多様化に関する総合調査」によれば、労働者の就業形態は、正社員六五・四%、非正社員三四・六%である。前回調査

図表 4-7　派遣労働者の推移

	平成10年	平成11年	平成12年	平成13年	平成14年	平成15年
一般労働者派遣事業						
1.常用雇用労働者数	72,885	112,856	137,392	157,450	187.813	236,519
2.常用雇用者以外の労働者数	161,275	218,787	264,220	313,535	354,824	368,234
3.登録者数	749,635	892,234	1,113,521	1,449,352	1,701,060	1,986,974
特定労働者派遣事業						
4.常用雇用労働者数	72,754	62,859	135,451	141,111	150,781	138,887
派遣労働者数（1+3+4）	895,274	1,067,949	1,386,364	1,747,913	2,129,654	2,362,380
常用換算（1+2+4）派遣労働者数	306,914	394,502	537,063	612,096	693,418	743,640

＊常用換算とは、常用雇用以外の労働者の年間総労働時間の合計を常用雇用労働者１人あたりの年間総労働時間数で除したものである。
出所：厚生労働省「労働者派遣事業報告」より作成

（平成一一年）と比べると、非正社員は七・一ポイント上昇している。非正社員の内訳は、パートタイム労働者が最も多く、二三・〇％で、以下契約社員（二・三％）、派遣労働者（二・〇％）出向社員（一・五％）などが続く。

なかでも派遣労働者は一九九九年（平成一一年）一二月の法改正により、専門性の高い二六業種に限定されていた規制が緩和され、原則自由になり、大幅に増加した（図表４-７）。平成一一年にはその数がはじめて一〇〇万人を超え、平成一四年にはついに二〇〇万人を超えるまでになった。

しかし、派遣労働者の数字は派遣として常用雇用されている人と、この一年間に派遣として登録した人の数が合算されたものである。つまり、登録者のなかには派遣会社に登録しているだけで、実際に派遣されなかった者が多く含まれている。また、派遣労働者によっては複数の派遣会社に登録している人もいるので、実際に派遣労働者として働いている人の数よりもふくらんだ数字である。

そこで、常用換算の派遣労働者（常用雇用以外の労働者数と一般ならびに特定労働者派遣事業における常用雇用労働者数の合計）の派遣労働者全体に占める割合を見ると、平成一五年の三一・四％から平成一二年の三八・四％と幅があり、三〜四割程度である（図表4-7）。これは派遣労働者全体の約六割近くが登録をしているだけで、実際には派遣されていないことを示す。世帯の調査によって実際に派遣労働者として働く人の数を把握している総務庁の「就業構造基本調査」によれば、二〇〇二年の派遣労働者数は派遣事業報告集計結果の二分の一程度とのデータもある。(5)

派遣労働者という働き方の実態

前にも述べたように、派遣労働者は「正社員になれなかった」という消極的な理由と、「家族の事情や他の活動と両立しやすい」「専門的な技能・資格が活かせる」などの積極的な理由から、派遣という働き方を選択している。しかも、正社員になれなかったとの理由が派遣という働き方を選んだ理由の第一位である（図表4-2）。こういう複雑な要因の影響が今後の希望する働き方に表れている。厚生労働省の「平成一五年就業形態の多様化に関する調査」において、「現在の就業形態を続けたい」とする割合は、他の就業形態で働く人に比べて低い（非正社員のなかで二番目に低い）。また、「他の就業形態に変わりたい」とする人の割合も三割を超え、その内の約九割の人が正社員としての働き方を希望している。

東京都労働経済局の「派遣労働に関する実態調査」（一九九八年）においても同様の結果が出ており、「派遣の仕事をずっと続けていきたい」とする人の割合が二九・〇％なのに対し、「できれば正社員として働きたい」とする人の割合は三〇・四％と上回っている。

派遣労働に関しては、「特定企業にしばられず、自分の好きな仕事、自分の好きな日時に働いて高い収入を得たいと考える人々の願望にマッチした就業形態である」[(6)]との評価もあるが、実態とかけ離れた表面的な評価と言わざるをえない。

また、派遣労働をめぐっては、労働組合サイドより正規雇用を破壊し、不安定就労を拡大するとともに、実質的な賃下げをもたらす、などの批判がなされている。

このように、派遣労働という働き方には、さまざまな側面があり、その評価はかなり難しい。仮に、「好きな時に好きな仕事で収入を得る」という点を派遣労働という働き方の光の部分とするならば、派遣労働にはいくつかの影の部分がある。

一般職の代替と性別分離の拡大

派遣労働の影の部分の一つ目は一般職の代替と性別分離の拡大である。近年の企業では、ＯＡ化の進展により事務的業務の多くが標準化・単純化される一方で、業務の多様化・高度化、情報のネットワーク化などにより、即戦力となる人材や専門性の高い総合職への必要性が高まりつつある。[(7)]企業が派遣労働を活用するのは、そうした業務の二極化がある。すなわち、派遣労働を活用する背景には、主に一般職が担当する標準化・定型化したルーチン性の高い業務は派遣労働者に置き換え、社員は高度な判断業務や専門性の高さが要求される総合職に専念させるという狙いが隠されている。

企業は男女雇用機会均等法施行以降、人事管理の複線化をはかり、一般職＝事務職＝女性として位置づける傾向があった。派遣労働は、こうした一般職を、OA化とコスト削減を背景に派遣労働者に切り換える形で展開されてきた。つまり、派遣労働は一般職の女性社員の代替として活用されたのである。

ところで、派遣労働には登録型と常用雇用型(8)の二つのタイプがある。図表4-7からもわかるように、圧倒的に多いのは登録型派遣で、そのほとんどが女性である。二〇〇四年の厚生労働省「派遣労働実態調査」によると、派遣労働者の六割以上が女性で、年齢的にも三四歳以下の若い年代層が六割を超えている。学歴は、女性の半数以上が高専・短大卒以上で、高学歴の者が多い。また、このような二〇歳代から三〇歳代前半の高学歴の女性は一定の業務経験をもっており、主にOA機器操作などの事務業務に従事していた者が多い。

一般職女性社員の代替としての派遣活用は、このような登録型の派遣労働者の業務経験や実態に即したものとなっている。派遣労働に関する実態調査においても、登録型の派遣労働者が従事する職種は事務職が最も多い。

こうした一般職女性社員の代替としての派遣活用は二つの問題を発生させる。一つは職務における性別分離の拡大である。派遣労働により多くの女性は事務職に限定され、男女の職務分離が固定化する危険性がある。これは男女雇用機会均等法の趣旨に反し、性別分離の拡大につながる。また、そうした事務職を中心とした派遣労働は女性を中心としているため、禁止されている事前面接の実施やセクシュアル・ハラスメントという新たな問題を発生させることにもつながる。

もう一つの問題はノウハウや技能の伝承の難しさである。仕事の習熟には、より単純でやさしいレベルの仕事から徐々により高度で複雑な判断を要するレベルの仕事へと段階を経て経験を重ねていく必要がある。しかし、単純で標準化された業務は派遣労働に代替され、経験することができない。こうした基礎技能の習得ともいうべき業務が派遣労働に代替されることによって、企業におけるノウハウや技能の伝承を難しくする危険性がある。同様のことは日本労働研究機構・連合総合生活開発研究所「多様な就業形態の組合わせと労使関係に関する調査研究報告書」（二〇〇〇年）においても指摘されている。そこでは非正社員や外部人材の活用にともなう職場におけるマイナスの影響として、「ノウハウの蓄積・伝承が難しい」が五〇・六％と最も高くなっている。これも派遣労働の影の部分と言えよう。

競合激化による低料金化と賃金の低下

二つ目の影の部分は、競合激化による派遣料金の引き下げとそれにともなう賃金の低下である。二〇〇四年三月一日施行の改正法により、専門二六業務における派遣期間の制限が撤廃されたり、物の製造業への派遣が認められるなど、派遣労働をめぐる規制緩和がすすむにつれ、競合が激化しつつある。業務のアウトソーシングや正社員（特に一般職）削減を目的にした派遣労働の活用など、人件費の効率化を志向する企業のニーズが派遣労働の市場を拡大し、競合激化を引き起こしている。

こうした派遣労働をめぐる競合の激化は派遣料金に大きな影響を与え、料金の低下現象が発生している。派遣料金の低下は平成一一年度労働者派遣事業報告から顕著になり、一般労働者派遣事業における平均派遣料金が二、〇九五円であったものが平成一四年度には一、九八〇円にまで下がった。アナウンサーやソフトウエア開発、放送機器等操作などは料金アップしているが、その他は総じて低下している。

このような派遣料金の引き下げは、当然に派遣労働者の賃金にも大きな影響を及ぼす。厚生労働省「派遣労働者実態調査」（二〇〇四年）によれば、法令で定める二六業務のうち、時間給換算で一、五〇〇円を超えるのはソフトウエア開発（一、七一一円）、機械設計（一、六〇五円）、書籍等の制作・編集（一、五三三円）、通訳、翻訳、速記（一、五一六円）など数少ない。なかには一、〇〇〇円未満で働く人も約二割近く存在する。専門性を必要とする派遣労働の料金は比較的安定しているものの、多くの女性が従事する事務職、たとえば事務用機器操作、ファイリング、財務処理、一般事務などには低下現象が見られる。派遣労働で働く男性は、機械設計、ソフトウエア開発などが多く、いずれも派遣料金は高いため、賃金の男女間格差につながる危険性がある。

また、一九九四年の派遣労働ネットワークの調査では、平均的時給が一、七〇四円であったものが、二〇〇四年の調査では一、四三〇円までに低下した。ＩＴ関連のソフトウエア開発などでの高い派遣料金を背景にした高収入の派遣労働者も一部存在するが、全体的には賃金に対する不満は根強い。前述の厚生労働省の調査においても、男女の苦情で最も多いのが賃金となっており、派遣労働における低賃金の実情を物語っている。

このように、競合激化による派遣料金の引き下げ、さらにはそれが原因となった賃金の低下は、一方では賃金の男女間格差をもたらし、他方では派遣労働者間での賃金格差をもたらす。労働者派遣契約は商取引契約であるため、労働法による競争抑制的な規制ができない。したがって、今後はさらなる競争の激化にともない、派遣労働においても競争入札による取引の増加が予想され、派遣労働者の賃金にも深刻な影響をもたらすと思われる(9)。派遣労働者がこうした環境から抜け出し、高い賃金を獲得しようと思うならば、高い専門性や代替できないような技能を身につける必要がある。そのためには、派遣労働者個々人の努力はさることながら、派遣会社も彼らに対する教育投資を行なわなければならない。

契約期間の短さと雇用不安

従来、法令で定められた専門二六業務については、派遣期間の上限が一年とされ、契約を更新する場合でも全体で三年を超えないよう行政指導がなされてきた。しかし、二〇〇四年三月の改正派遣法により、専門二六業務については派遣受入期間の制限がなくなり、それ以外の自由化業務については派遣可能期間が上限三年に延長された。

図表4-8　派遣で働いた通算期間

（単位：％）

性	派遣労働者総数	派遣で働いた通算期間							
		6ヵ月未満	6ヵ月以上1年未満	1年以上2年未満	2年以上3年未満	3年以上5年未満	5年以上10年未満	10年以上	不明
総数	100.0	14.0	14.6	18.2	13.3	18.1	14.8	6.9	0.1
男	100.0	18.5	16.8	18.9	11.1	15.4	12.2	7.0	0.1
女	100.0	11.4	13.2	17.7	14.6	19.7	16.4	6.8	0.0

出所：厚生労働省「派遣労働者実態調査」（2004年）より

派遣期間をめぐっては、このように規制緩和が進んでいるのに対し、派遣で働いた通算期間はいまだ短いのが現状である。たとえば、前述の厚生労働省の調査においては、派遣期間が二年未満の者が四六・八％と約半数近くにおよぶ（図表4-8）。また、二〇〇四年の派遣労働ネットワークの「派遣スタッフアンケート調査」でも一回あたりの契約期間が短くなることが指摘されており、平均の契約期間は四・二七ヵ月と二〇〇一年の調査よりも一ヵ月近くも短くなっている。なかでも最も多いのが三ヵ月契約である。同調査が実施されたのは二〇〇四年二月二一日～七月三一日の間で改正法の施行と時期的に重なるなか、三ヵ月契約が最も多い。

本来、派遣期間の規制緩和は派遣先の安定した業務運営と派遣労働者の雇用の安定をめざして実施されたにもかかわらず、契約期間の短縮化はその方向と逆行している。契約期間の短縮化は派遣労働者の雇用不安をあおると同時に安定した生活設計をも不安にさらす危険性がある。契約期間の短縮化は、自由な働き方ができるという派遣労働のポジティブな行動の表れであるとの見方もあるが、実態とかけ離れた見方である。なぜならば、前述の厚生労働省の調査において、派遣先への要望のなかで、「派遣期間を長くしてほしい」が二二・九％と第三位となっており、こうした派遣労働者の不安の声を代弁していると思われるからである。

以上見てきたように、派遣労働という働き方には光と影の部分があり、自分のキャリア設計と生活上のニーズとをうまく調和させる形で、そうした働き方を選択していく必要がある。と同時に、労働者派遣契約を介して派遣先労働者との均等待遇への配慮を派遣元・派遣先に義務づけるとともに、派遣労働者で組織された労働組合と派遣先労働組合との連携を通して労働諸条件の改善をはかるなど、派遣労働者に対する就業環境を整備していくことが強く望まれる。[10]

3　IT化とテレワーク、[11] SOHO

テレワークの分類

パソコンの普及やネットワーク技術を中心とする情報通信技術の革新により、離れた場所にいても情報の入手や共有が可能となり、これまでとは異なる新しいビジネススタイルやワークスタイルが生まれはじめている。情報通信ネットワークを活用して場所と時間に制約されることなく、いつどこでも仕事ができる新しいワークスタイルはテレワーク（telework）と呼ばれている。テレワークには、雇用形態で行なわれる「雇用型テレワーク」と非雇用で行なわれる「非雇用型テレワーク」がある（図表4-9）。[11]

図表 4-9　テレワークの分類

- テレワーク
  - 雇用型テレワーク
    - 在宅勤務
    - サテライトオフィス勤務
    - モバイルワーク
  - 非雇用型テレワーク
    - 小規模事業者（企業形態）
    - 在宅就業

雇用型テレワークは、自宅で働く「在宅勤務」と、郊外の住宅地に近接した地域にあるオフィスで働く「サテライトオフィス勤務」、さらにはノートパソコンや携帯電話などを活用して臨機応変に選択した場所をオフィスとして使用する「モバイルワーク」に大きく分類される。

普及する雇用型テレワークとその特徴・課題

総務省の調査によれば、雇用型テレワーク雇用者は二〇〇二年で推定約二八六万人、五年後には約五六三万人になると予想されている。一方、テレワーク協会「日本テレワーク実態調査」（二〇〇〇年）によれば、テレワーク人口は在宅勤務が一一三万人、サテライトオフィス勤務が一一万人、モバイルワークが九五万人で、その他いずれにも分類できなかった者も含めた合計は二四六万人、五年後には四四五万人に増加すると予想されている。

こうした予想を背景に、NECや日本ヒューレット・パッカード（HP）などのIT大手四社が図表4-10のような在宅勤務制度を新設する（日本経済新聞、二〇〇六年八月二二日朝刊）。四社の新制度は育児中の女性などに限定せず、システム部門全体や全社員を対象としている点に特

図表 4-10　IT4 社の在宅勤務制度の概要

NEC	企業向け情報システム構築部門の2000人が対象
日本 HP	2007年６月をメドに全社員5600人に導入
NTT データ	７月末から07年３月まで試験導入し、100人強が月５回程度利用
日本 IBM	01年に全社員（現在１万8000人）を対象に導入

出所：日本経済新聞社、2006年８月22日朝刊より

徴がある。ＩＴ業界における技術者不足が深刻化するなか、この四社には勤務形態の多様化を通じて人材確保につなげていきたいという狙いがある。

雇用型テレワークには次のような二つの特徴がある。(12)

①テレワーク雇用者の九一％が男性で、女性はわずか九％にすぎない。年齢的には二〇歳代一四％、三〇歳代三四％、四〇歳代三六％、五〇歳代一六％と、三〇〜四〇歳代が最も多い。

②テレワーク雇用の職種としては、在宅勤務は事務、ソフト開発、営業・販売、サテライトオフィス勤務は営業・販売、モバイルワークは技術、営業・販売が多い。

ところで、このような雇用型テレワークには、(a)労働力減少時代における有効な雇用確保の手段となる、(b)身体障害者や高齢者などの通勤上のハンディキャップを負っている人びとや家事・育児・介護等の家庭責任を負っている人びとにも就労の機会を提供できるなど、のメリットや効果が期待できる。しかしその反面、(a)職場というコミュニティが崩れ一体感が阻害される、(b)仕事生活と非仕事生活の区別がつかなくなり、ワーク／ライフバランスが崩れる、(c)労働者が社会的孤立感をもったり、電子的パーソナリティがネット上を独り歩きする、(d)社会病理としての自閉症的症状が

発生するなど、さまざまな問題が発生することが指摘されている。(13)

また、雇用型テレワークは「自律する個」が前提となるワークスタイルであるため、当然その対象となる業務や適用対象者も限定せざるをえない。たとえば、雇用型テレワークに向いている職種としては、自主裁量で職務遂行が可能な自己完結的な業務や成果測定がしやすい業務などがあげられる。適用対象者としては、一人で仕事をこなすことができるような業務経験や専門性・スキルを有した一定レベル以上の人材が想定される。このように、雇用型テレワークを導入・展開していくためには、事前に適用対象となる職種や対象者の範囲をきちんと定めておくことが必要となってくる。

非雇用型テレワークとしてのＳＯＨＯ

非雇用型テレワークはＳＯＨＯ（Small Office Home Office）と呼ばれており、独立自営型のワークスタイルで働く小規模事業者や個人営業者などが主な対象である。ＳＯＨＯのうち、企業形態でなく、他人を雇っていない就業形態を「在宅就業」と呼び、情報通信機器を活用して、請負契約に基づきデータ入力などの容易な作業を行なう者がその対象となる。

財団法人生命保険文化センター「ワークスタイルの多様化と生活設計に関する調査」（二〇〇〇年）によれば、ＳＯＨＯで働く人びとの六三・四％は男性で、女性も三割を超え少なくない。また、年齢は平均で四二・八歳と比較的高いにもかかわらず、未婚者が二割弱となっている。年齢に比して未婚者が意外と多いが、ＳＯＨＯという働き方のリスクを考えるとそれほど驚くべき数字ではない。収入面では、年収が四一六万円で、平均年齢を考慮すると低い。労働時間は週平均で四四・一時間で、通期時間の短さと合わせて時間的なゆとりが感じられる[14]。

同調査から見えてくるＳＯＨＯスタイルで働く人びとは、収入や経済的安定を多少犠牲にしても、時間的ゆとりや組織に縛られない精神的自由を求め、独立自営という働き方を自主的に選択している。二〇〇三年に実施されたリクルートワークス研究所「個人事業主（サービス業）の独立開業に関する実態調査」において同様のことが指摘されており、調査対象者の四人に三人が自ら進んで個人事業主を選択している[15]。

また、前述の生命保険文化センターの調査に関わった研究者グループはＳＯＨＯに関する二つの核心的事項をあげている[16]。一つはＳＯＨＯの存立要件である。ＳＯＨＯの存立要件としてはスキルとタレントがあげられている。情報通信機器や情報ネットワークを活用するという点においては、パソコン技術やｗｅｂの制作技術などのデジタルスキルは仕事をする上で当然に必要とされる。しかし、今後はデジタルコンテンツなどの制作に関しては、クリエイティビティや芸術性、感性などがより一層求められる。これらはいわば個人の才能、すなわちタレントである。文化的素養を欠いたスキルだけではＳＯＨＯで仕事を継続することは困難である。

もう一つはＳＯＨＯの就労価値観である。ＳＯＨＯスタイルの根底にある就労意識は、仕事の専門性と主観的意義を重視する「専門追求志向」と、能力に応じて処遇も異なるべきとする「能力至上志向」である。前述のリクルートワークス研究所の調査においても、個人事業主の職業人生パターンとして「自分の専門能力を磨き生かすことを重視する」が断トツの第一位となっており、同様のことが指摘されている。こうした就労意識（価値観）は仕事志向に裏打ちされた、自己の利害を重視する個人本位の価値観ともいうべきもので、自発的な独立自営をうながす引き金として作用する。

ところで、こうしたＳＯＨＯには資金、ネットワーク、技術対応力などの面で共通に多くの課題をかかえており、その課題解決に向けた対策が求められる。しかし、ＳＯＨＯ個々での対応では限界があるため、協働して課題解決をはかっていく緩く連携した連合体ないしは共同体が必要となる。この連合体は個人が主役のビジネス社会における産業コミュニティで、その本質は自立と連帯、競争と協調のメカニズムが働いている「ボランタリィ・コラボレーション（Voluntary Collaboration）」にほかならない（鎌田、二〇〇四）。このような産業コミュニティの事例として「関西ソーホー・デジタルコンテンツ事業協同組合」があげられる[17]。当事業協同組合は相互扶助の精神に基づき、「ＳＯＨＯのための、ＳＯＨＯによる、ＳＯＨＯの社会的地位向上」をはかる目的で、一九九九年に設立されたもので、プロフェッショナル集団を目指している。一九九九年当初の組合員数は二三人（九九年四月現在）で、その内訳は小規模法人の経営者一一人と、個人事業主一二人となっているが、現在では六八事業所まで拡大している。まさに、ＳＯＨＯにおける産業コミュニティの先進的な事例と言えよう。このように、産業コミュニティが形成できるかどうかがＳＯＨＯ発展の重要な鍵となるものと思われる。

4 副業化を進めるビジネスパーソン

働くビジネスパーソンを取り巻く環境は大きく変化している。高い失業率、賃金の低下、リストラの断行などに代表されるように、雇用環境は厳しさを増している。しかしその一方で、就業形態の多様化、裁量労働の適用範囲の拡大などに代表されるように、本業以外に別の仕事をもったり、柔軟な働き方ができる環境が整いつつある。賃金の低下や終身雇用の形骸化などの雇用環境の悪化と柔軟な働き方を可能とする環境がこのような本業以外に仕事をもつ「副業化」を促進させる。

二つの調査から見る副業化の実態

ここでは二つの調査結果からビジネスパーソンの副業化の実態を見ていきたい。一つは二〇〇五年に実施された労働政策研究・研修機構「日本人の働き方総合調査」(18)である。この調査で副業をもっていると回答した人は六・〇%で、年齢が高い人ほど副業をもつ人の割合が高い。これは副業をもっている割合は所得が低い層と高い層で高くなっている、いわゆるU字形になっていることが影響している。(19)

副業の態様は、「別の会社に雇われている」が三八・五%で最も多いが、「自分で事業を起こしている」も二一・八％と比較的多い。副業の就業頻度は、「月に数日程度」とする人が二五・九％と最も多いが、「ほぼ毎日」とする人も一四・四％もいるのには驚かされる。

本業と副業の仕事の類似性は、「まったく異なる」が六七・二％と約三分の二を占めており、「同じではないが知識や技能を活かせる」が一八・四％と低い結果になっているのは意外な感がする。

副業を行なう理由は予想通り、「本業だけでは生活できない」が二〇・一％と最も高く、「将来の備え」（二六・一％）がそれに続いている。当然、年収の低い層では本業で生活できない割合は高くなっている。副業で得る収入は年間収入の一割程度である。

大変驚くのは、副業を会社に知らせている人が二四・一％と低いのに対し、知らせていない人が四三・七％にもおよんでいる点である。これは就業規則における副業の厳しい禁止規定が影響しているものと予想される。

もう一つは前述の生命保険文化センター「ワークスタイルの多様化と生活設計に関する調査」（二〇〇〇年）である。この調査では、各年の総務庁の「就業構造基本調査」に基づき、副業を行なっている者の割合をおおむね五％前後としており、労働政策研究・研修機構の調査とほぼ同じ結果である。

副業化の促進要因

この調査結果で興味深いのは、副業を促す要因として三つの要因をあげている点である（高石、二〇〇四)。一つ目は「職場や家庭の環境」である。これは労働時間の短さ、収入の低さ、住宅ローンの存在などが副業のきっかけになることを示す。二つ目は「専門性」である。これは専門性の発揮が副業の動機であることを示すもので、労働政策研究・研修機構の調査とはやや異なる結果となっている。三つ目は「独立志向」である。これは専門性を磨いてそれを武器に将来は独立しようとする転職・独立志向を表す。

これまで見てきたように、全体的にはまだ少ないものの、副業を行なうビジネスパーソンは存在する。今後は成果主義が強まり、所得の不安定化がより一層増すとともに、自らの手で人生設計をしていけるような従業員の自律化の要請も強まることが予想される。こうした雇用環境の変化にともない、ビジネスパーソンの副業化はこれまで以上に普及し、一つのワークスタイルになっていくものと思われる。

しかし、こうした動きとは裏腹に、多くの企業では副業を禁止する規定が存在する。一部、新聞紙上で兼業規定を見直す企業の動向が報道されたり、電機連合の経営サイドに対する「副業の自由」の提案など、副業を禁止する規定を見直す動きがみられる[20]。今後、経営者に対しては、従業員の自律化の支援、さらには失業や低賃金のセーフティネットとしてビジネスパーソンの副業を認めていく寛容さが求められてくるだろう。

注

(1) 石原直子・大久保幸夫「人材ポートフォリオと組織デザイン」樋口美雄・八代尚宏編『人事経済学と成果主義』日本評論社、二〇〇六年、八八頁。
(2) 詳しくは日本経営者団体連盟『新時代の「日本経営」』日経連広報部、一九九五年を参照。
(3) 詳しくは連合総合生活開発研究所『雇用管理の現状と新たな働き方の可能性に関する調査研究報告書』(二〇〇三年) を参照。
(4) 石原・大久保、前掲書、九六-九七頁。
(5) 大沢真知子「派遣労働者の光と影」佐藤博樹編『変わる働き方とキャリア・デザイン』勁草書房、二〇〇四年、一八頁。
(6) 小井土有治『人材派遣と労使の課題』税務経理協会、一九九二年、二一-三頁。
(7) 長井偉訓「雇用・労働市場の弾力化戦略と日本的労使関係―派遣労働の活用実態とその変化を踏まえて―」日本労働社会学会編『転換期の「企業社会」』(日本労働社会学会年報第八号)、一九九七年、五三頁。
(8) 登録型とは、人材派遣会社に登録をしておき、派遣される場合にのみ人材派遣会社と雇用契約を結び、派遣会社の雇用する労働者として派遣されることを指す。登録型派遣を典型とする事業は「一般労働者派遣事業」と位置づけられている。それに対し、常用雇用型とは、人材派遣会社と期間の定めのない雇用契約を結び、派遣されることを指す。常用雇用型派遣を典型とする事業は「特定労働者派遣事業」と位置づけられている。
(9) 中野麻美「労働者派遣の拡大と労働法」社会政策学会編『雇用関係の変貌』(社会政策学会誌第九号)、二〇〇三年、五〇頁。
(10) 同上書、五五-五六頁。

(11) テレワークに関する解説は、谷内篤博「人的資源管理とIT」鈴木秀一・斎藤洋編『情報社会の秩序と信頼』税務経理協会、二〇〇六年、七九-八〇頁に依拠している。
(12) 厚生労働省編『平成一三年版労働経済白書』日本労働研究機構、二〇〇一年、一五八-一五九頁。
(13) 村田潔「ITによる労働環境の変化とその社会的影響」日本経営学会編『IT革命と企業経営』(経営学論集第七三集) 千倉書房、二〇〇三年、一〇八-一〇九頁。
(14) 鎌田彰仁「SOHOの存立基盤と労働世界」佐藤博樹編『変わる働き方とキャリア・デザイン』勁草書房、二〇〇四年、三八頁。
(15) 大久保幸夫編『正社員時代の終焉』日経BP社、二〇〇六年、一八七頁。
(16) 鎌田、前掲書、四六-五〇頁。
(17) リクルートワークス研究所『Works三四号特集：自営業の復権』(一九九九、六、七)、二八-二九頁。
(18) この調査は「多様な働き方を可能とする就業環境及びセーフティネットに関する研究」の一環として、平成一七年八月下旬から九月上旬にかけて実施されたものである。調査内容の詳細に関しては、労働政策研究・研修機構『日本人の働き方総合調査結果』(JILPT調査シリーズNo.14)、二〇〇六年を参照のこと。
(19) 同上書、八六頁。
(20) 高石洋「副業するサラリーマン」佐藤、前掲書、一七七-一七八頁。

第五章　プロフェッショナル志向の高まりと転職行動

1　個人の自律とプロフェッショナル志向の高まり

独立志向の高まり

アメリカでは二つの新しいタイプの自営業が話題になっている。(1) 一つはSOHOで、アメリカのSOHO事業者は一四〇〇万人を超え、SOHO以外にも副業を在宅で行なっている事業者が一二〇〇万人も存在する。

もう一つはインディペンデント・コントラクター（independent contracors）である。インディペンデント・コントラクターは、企業との雇用契約を交わさず、業務を請負契約でこなす独立請負業者である。この働き方は、企業におけるダウンサイジングやアウトソーシングの進展を背景に、個人事業主として自己の専門能力や技術を活用して働くもので、シリコンバレー地区の情報通信系ベンチャーにおいて急速に発展した。

日本でも同様の動きが見られる。前章で見てきたように、ITの進展とそれを活用したネットワーク・ビジネスの普及により非雇用型テレワークであるSOHOという働き方を選択したり、本業以外に副業をする人びとが誕生し始めている。しかも、副業の形態で二番目に多いのが自分で起業しているものである。リクルート社では、数はそれほど多くはないものの、数年前からインディペンデント・コントラクターが誕生している。リクルートのフェロー第一号は現在杉並区立和田中学校長の藤原和博氏である。彼（女）らはリクルートをいったん退社、業務委託契約を交わし、会社からの業務委託を受けて仕事を展開する。リクルートをクライアントにしたフリーランサー的な働き方を選択している。

個人の自律化を促す二つの要因

このような独立志向や個人の自律に基づく働き方は二つのことが影響していると思われる。一つは若年層における会社観や職業意識の変化である。すでに第一章で見てきたように、若年層の会社観・組織観は所属意識に裏打ちされており、その中心的価値は会社への忠誠心よりも仕事への忠誠心、会社への貢献よりも自分の業績などを重視する自己利益にある。自己利益を重視する功利型の所属意識に裏打ちされた若年層は、仕事を媒介とした個人と組織の緩い関係（間接統合）を希求しており、個人の仕事に対する最大限のコミットメントが必要不可欠となる（図表1-8、1-9）。

こうした若年層は、グルドナーのコスモポリタンや太田氏の「仕事人モデル」に見られるように、自分の専門的技術に対するコミットメントは強いが、所属する組織や会社に対するロイヤリティが低く、専門的な機関や専門家集団における自分に対する評価や評判を非常に気にする。つまり、自分の準拠集団は会社ではなく、むしろ所属する外部の組織や団体（学会、専門家団体など）にある。したがって、若年層のキャリア志向も当然、スペシャリストやプロフェッショナルに対する志向性が強く、自分の専門性や技術レベルを高めるためならば、転職もいとわない（図表1-10）。図表4-4の人材ポートフォリオにおけるスペシャリスト、プロフェッショナルはこのような若年層の職業人としての生き方や目指すべき人材像を表している。若年層のそうした会社観や仕事観が個人の自律や独立志向を促していると思われる。

スキル・ワーカーからナレッジ・ワーカーへの転換

もう一つはスキル・ワーカーからナレッジ・ワーカーへの転換である。[2] 従来の企業経営においてはコア・コンピタンス（核となる企業の能力）が重視されてきた。たとえば、技術力やマーケット・シェアー、販売網などがあげられる。日本の場合は高い生産技術と品質の高さがこれまでのコア・コンピタンスであった。しかし今や、企業経営を左右するものは目に見えるコア・コンピタンスではなく、ヒトが生み出す目に見えないナレッジ、すなわち新しい知である。顧客の課題を解決

図表5-1　ナレッジ・ワーカーの特徴

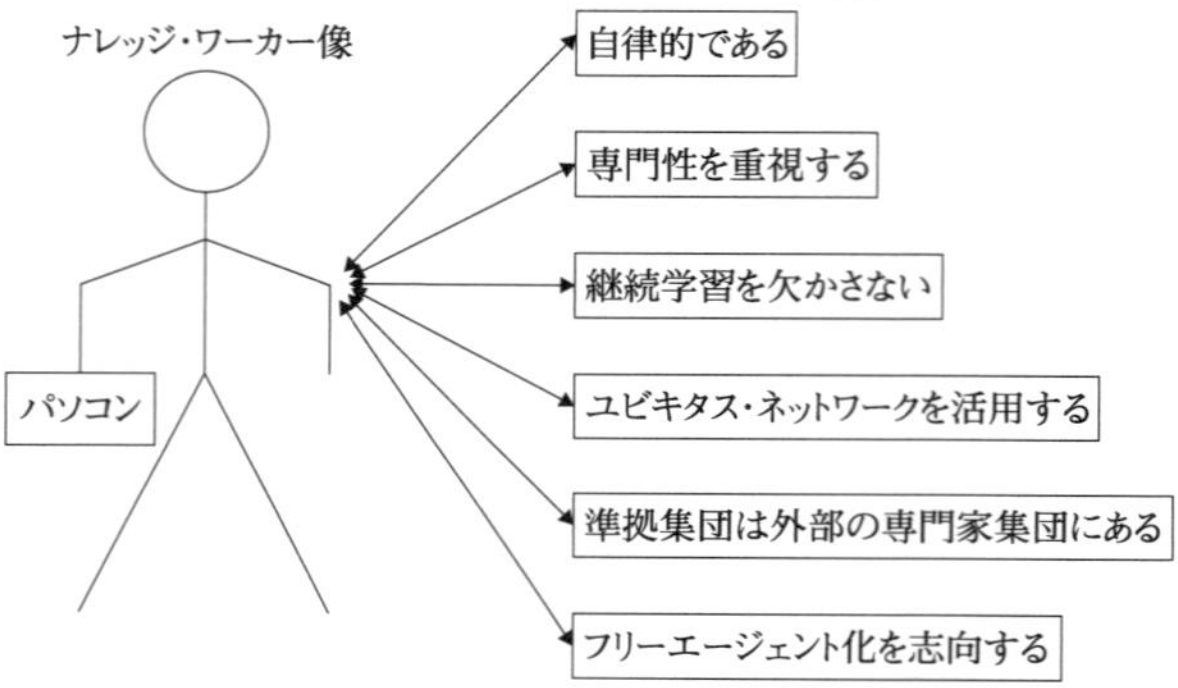

したり、付加価値の高い製品づくりを展開していくためには、ヒトの生み出す「新しい知」が必要となり、こうした知が集積した知的資本（intellectual capital）が新たな競争優位の源泉となるケイパビリティ（capability）につながっていく。ここに、ナレッジ・マネジメントや知識経営[3]が重視される理由がある。

ナレッジ・マネジメントを効果的に展開していくためには、人の働き方も大きく変わっていかなければならない。高度な生産技術に基づき品質の高い製品づくりを追求していた従来の企業経営においては、QC活動やカイゼン運動に代表されるように、ダラリ（ムダ・ムラ・ムリの略語）を追求したモノづくりに励むスキル・ワーカーが望ましいとされた。

しかし、ナレッジ・マネジメントにおいては新規性や独創性に満ちた新たな知を生み出すことが求められる。そのためには、働くスタイルも主体的に考え、仕事のやり方を自分でデザインし、スピード重視で臨機応変に働くナレッジ・ワーカーへと転換させていく必要がある。

ナレッジ・ワーカーの特徴(4)をまとめ・整理すると図表5-1のようになる。ナレッジ・ワーカーはセルフマネジメントで仕事を行なうのを原則としているので自律的であると同時に、新たな知を生み出すために自己の専門性を極めて重視する。また、こうした専門性を高めるために、ITやユビキタス・ネットワークを駆使し新しい情報や技術を吸収し続けるとともに、外部の専門家集団に所属し、定期的に自己の研究成果を発表し、自己研鑽に励む。さらに、自己の専門性を高めるような場や機会が発生したときは、迷わず転職したり、あるいは時にはインディペンデント・コントラクターとして独立し、フリーエージェントを目指す場合もある。ダニエル・ピンクもその著書『フリーエージェント社会の到来』のなかで、多くのナレッジ・ワーカーがフリーエージェント化していることを指摘している。

プロフェッショナリズムの台頭

このような若年層の会社観や職業意識の変化やワークスタイルのナレッジ・ワーカーへの転換が個人の自律や独立志向を高めるとともに、そうした動きに呼応する形でプロフェッショナル志向をも高める。つまり、プロフェッショナル志向は個人の自律や独立志向が精神的かつ思想的基盤となっている。

ところで、プロフェッショナルに関してはさまざまな定義や概念が混在している。プロフェッショナル（professional）という言葉は、宗教に入信する人の宣誓を意味する「profess」という言葉から派生したとされている。(5) のちに、それは厳かな公約や誓いをともなうような商売や職業を意味するようになった。こうしたプロフェッショナルの仕事の根底には、次のような三つの基準が存在している。(6)

①プロフェッショナルの仕事はすべて、正式な技術的訓練とその訓練を裏づける何らかの制度化された認定プロセスが必要である。―医者、法律家、そして聖職者はすべて、大学を卒業していなくてはならない。この訓練の最も重要な部分は、それを通じて特有の文化を継承するところにある。たとえば、医者は人を傷つけないことの大切さを学び、法律家は顧客を弁護する責任について学ぶ。

②プロフェッショナルはその職業で使う技能を身につけなくてはならない。たとえば、弁護士は訴訟準備を学び、医者は医療行為を学ぶ。

③プロフェッショナルの仕事には、その仕事が社会的に責任のある利用のされ方を保証するための―そしてその職にある者が倫理的に仕事をすることを保証するための―何らかの団体機関をもたなくてはならない。弁護士会やアメリカ医師会はこうした目的をもつものである。

ビジネス・プロフェッショナルの要件

これらの基準は今日でも通用するが、そこから描かれる具体的なイメージは法律家、医者、聖職者、科学者などの伝統的なステイタス・プロフェッショナルである。本書は企業社会や産業社会で働くプロフェッショナルを対象としているため、これらの基準を次のようにビジネス社会向きに少しアレンジしてみよう。

①プロフェッショナルは、特定の専門分野において高度な専門教育を受け、あるいは長年にわたる熟練に基づき、専門的知識や技術を有する。

②プロフェッショナルは、特定の専門分野における集団や機関（学会や団体など）に属するとともに、そこにおける集団規範やルール（職業倫理）を遵守する。

③プロフェッショナルは、特定の専門分野や専門家集団における自己の評価や評判に大きな関心をもつ。

さらに、ホール（Hall、一九六八）のプロフェッショナル化の態度的指標(7)を参考に、二つの基準を追加する。

④プロフェッショナルは、仕事に対する誇りと職業的な使命感が強く、金銭的な報酬よりも仕事の内容や出来映えに強い関心がある。

⑤プロフェッショナルは、セルフマネジメントの原則にもとづき、仕事をデザインし、自ら自主的に最適な意思決定をする。

こうした五つの基準を満たしたプロフェッショナル志向の人材が、図表4‐4の人材ポートフォリオにおいてプロフェッショナルと描かれている。すでに第四章で述べたように、プロフェッショナルは会社に対する忠誠心や帰属意識が低く、自分の専門性を高めたり、面白い仕事ができる環境が整えば、会社を変わる可能性が高い。会社との関係もルースカップリング（緩い関係）を望み、仕事のスタイルもプロジェクトやタスク・フォースなどが主となる。当然、雇用契約も有期契約が原則で、業務請負人的な働き方をする。一番至近な例でいえば、日産自動車のデザインを変えるきっかけを作ったとされるいすゞ自動車出身のデザイナー諸氏がこれに該当する。彼らはまさに有期契約をベースにしたデザインの業務請負人、つまりプロフェッションである。本書では、こうした人材をリクルートワークス研究所にならって、「ビジネス・プロフェッショナル」(8)と呼びたい。

プロフェッショナルとスペシャリストの違い

プロフェッショナルに類似するものとしてスペシャリストがある。本書では、図表4-4からも明らかなように、両者は準拠集団、つまりコミットメントの中心的価値は会社よりも、仕事や専門性にある点では共通しているものの、会社に対する忠誠心や帰属意識において大きな違いがある。すなわち、スペシャリストは会社に対する帰属意識や忠誠心が高く、終身雇用をベースにしたストック型人材（正社員）であるのに対し、プロフェッショナルは会社に対する忠誠心や帰属意識が低く、短期雇用（有期契約）や業務委託契約をベースにしたフロー型人材（非正規雇用者）である。

また、両者は知識や専門性においても違いがある。スペシャリストの知識や専門性はその適用範囲や市場での価値に限界があるのに対し、プロフェッショナルの知識や専門性は汎用性・通用性や市場での価値が高い。こうした点から、プロフェッショナルの先駆的な研究を行なっている太田氏

図表5-2　プロフェッショナル人材の規模

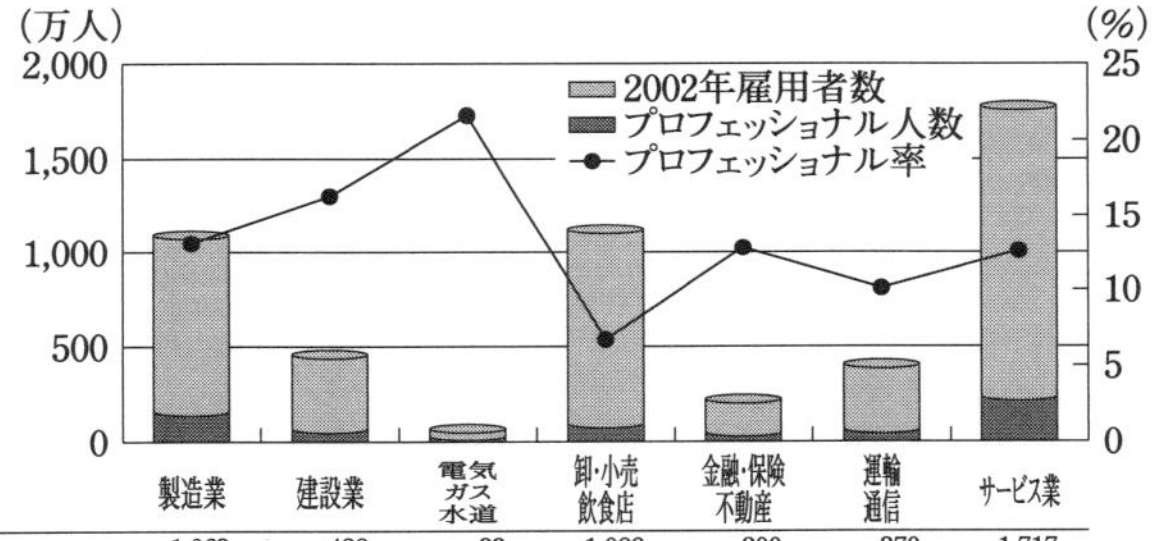

	製造業	建設業	電気ガス水道	卸・小売飲食店	金融・保険不動産	運輸通信	サービス業
雇用者数*2	1,063	428	33	1,088	200	370	1,717
プロフェッショナル人数	140	70	7	73	26	37	216
プロフェッショナル率	13.1%	16.3%	21.6%	6.7%	12.8%	10.1%	12.6%

*1　農林水産業,鉱業は「ワーキングパーソン調査2004」のサンプル数が少ないため,プロフェッショナル人材の推計から除いている。
*2　役員を除く。
出所：リクルートワークス研究所『プロフェッショナル時代の到来2005』14頁

や宮下氏が提唱する「組織内プロフェッショナル」は、本書では図表4-4におけるスペシャリストとして位置づけられる（太田、一九九三；宮下、二〇〇一）。

データで見るプロフェッショナル

大変興味深いデータを示そう。それはわが国におけるプロフェショッナル人材の人数に関するデータである。リクルートワークス研究所は「ワーキングパーソン調査二〇〇四」で行なったプロフェッショナルに関する各種調査データを活用して、日本のプロフェッショナル人材の数を算出した。本書のプロフェッショナルの定義と厳密には異なる点はあるが(9)、わが国のプロフェッショナルの現状を把握するのには大いに参考となる。

　図表5-2を見れば、プロフェッショナル人材は合計で五六八万人で、雇用者の一一・六%を占める。

図表 5-3　プロフェッショナル人材のタイプ分類

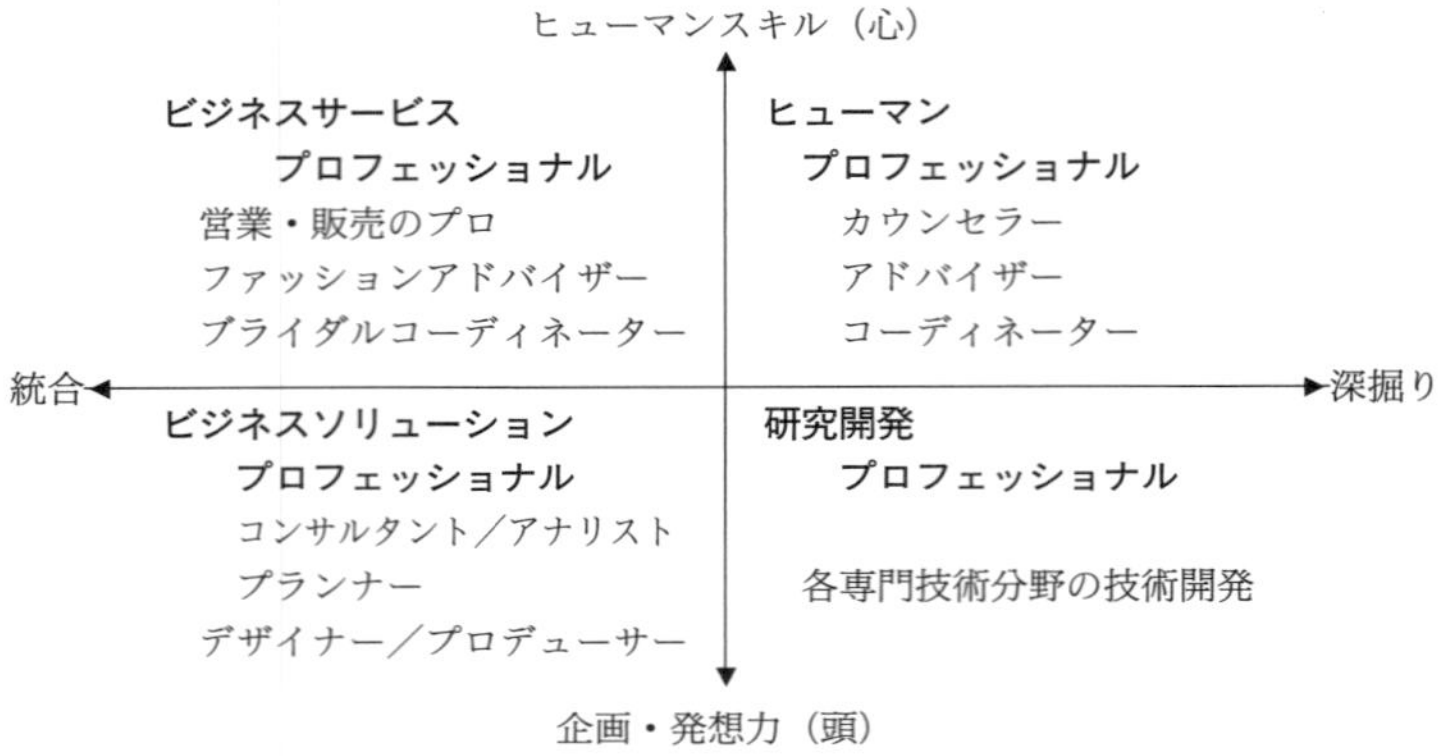

出所：リクルートワークス研究所『プロフェッショナル時代の到来2005』18・19頁

産業別にはサービス業が二一六万人と最も多く、全体の約四割を占める。また、プロフェッショナルの領域をビジネス・プロフェッショナルとそれ以外の二つに区分した分析では、ビジネス・プロフェッショナルが三八〇万人で、プロフェッショナル人材の約三分の二を占める。専門領域では、営業、管理職、事務系専門職、研究開発、専門技術職などで多くなっている。さらに、同研究所は二〇一五年のプロフェッショナルの数を六一二万人、雇用者に占める割合を一二・六％と予想している。

プロフェッショナルのタイプ分類

同研究所は「ワーキングパーソン調査二〇〇四」から得られたプロフェッショナル人材として必要な能力をベースに、図表5-3のようなプロフェッショナル人材の類型化を行なっている。縦軸はヒューマンスキル（心）が重要であるか、それとも企画・

発想力（頭）が重要であるかを表す。横軸は自己の専門性を深掘りさせていくのか、それともクラスター専門職[10]に代表されるように、複数の専門領域を統合するのかを表す。そして、ヒューマンスキルが重視され、自己の専門性を深掘りさせるプロフェッショナルを「ヒューマンプロフェッショナル」、ヒューマンスキルが重視され複数の専門領域を統合するタイプを「ビジネスサービスプロフェッショナル」、企画・発想力が重視され、自己の専門性を深掘りさせるタイプを「研究開発プロフェッショナル」、企画・発想力が重視され、複数の専門領域を統合するタイプを「ビジネスソリューションプロフェッショナル」と位置づけた。四つのプロフェッショナルタイプの代表的な職種が図表5-3にあげられている。

こうしたプロフェッショナル人材のタイプ分類は、調査から得られた能力データをベースに多変量解析がなされており、極めて客観性が高いと同時に、四つのタイプいずれを見ても実際のビジネス社会でまさに求められている高度専門家人材群を包括している。このようなプロフェッショナル人材のタイプが提示されたことにより、若年層の将来のキャリアビジョンがより具体化できる環境が整いつつある。

2　転職行動の増加とプロフェッショナル人材の育成

個人の自律や独立志向に裏打ちされたプロフェッショナル志向は、個人と会社との関係においても大きな変化をもたらす。元来、プロフェッショナルはコミットメントの対象が自分の仕事や専門性にあり、準拠集団として公式および非公式の専門家社会・集団を形成し、そこにおける能力発揮、社会的貢献、評価などを重視する。したがって、組織との関係も緩い関係（間接統合）を希求するが、プロフェッショナルの高まりはこの緩い関係すらも破壊しつつある。

そうした動きは若年層の転職行動に顕著に表れている。転職には、働く人びとの職業選択行為という側面と、産業社会構造との関わりという側面の二面性がある。バブル経済の崩壊や平成不況により、終身雇用が実質的に崩壊し、団塊の世代を中心とする多くの中高年層がリストラ、アウトプレースメントなどにより、転職を余儀なくされた。こうした転職行動は非自発的転職行動で、病んだ日本の産業社会構造を映し出す。

それに対して若年層を中心とする転職行動は、中高年層の非自発的転職行動とは異なり、プロフエッショナル志向や仕事志向に基づく自発的転職で、ナレッジ・マネジメントや知識経営に象徴される今の産業社会構造を映し出す。

そこで、総務省「平成一四年就業構造基本調査」を参考に、転職の実態を見てみよう。図表5-4を見ると、転職率は男女とも年々増加傾向にあるが、女性の方がその伸びが高い。年齢別には、若年層での転職率が高い。なかでも二四歳以下では一〇%を超えている（図表5-5）。

転職希望率も年々上昇傾向にあり、男女別ではやや女性が高いものの、平成一四年では両者の差がほとんどなくなっている（図表5-6）。年齢別には、二四歳以下の若年層での転職希望が最も高

図表5-4　男女別就業異動割合の推移

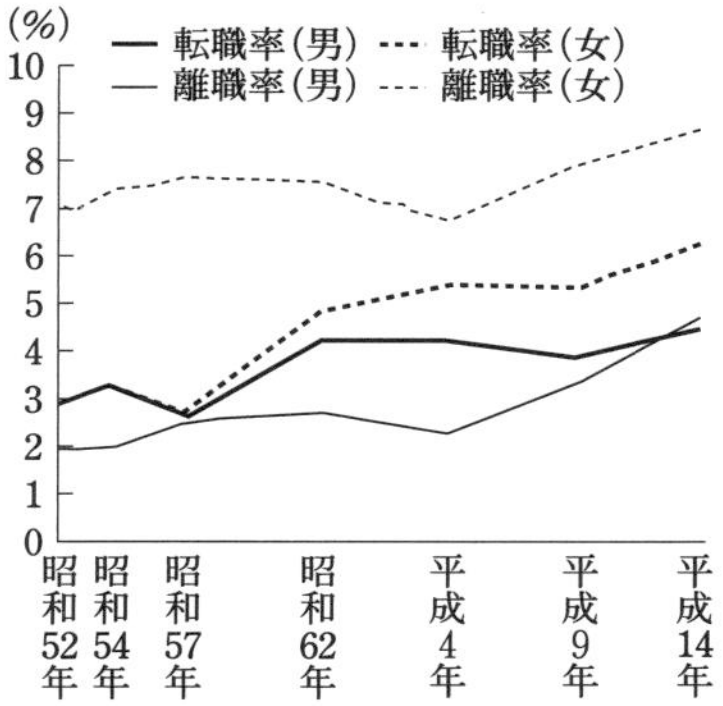

出所：総務省統計局「平成14年就業構造基本調査」より

図表 5-5　年齢、男女別転職・離職率

	男		女	
	転職率	離職率	転職率	離職率
総数	4.4	4.7	6.3	8.6
15～19歳	17.6	18.3	21.2	20.9
20～24	12.7	9.1	15.4	12.0
25～29	7.3	4.0	10.3	12.3
30～34	5.3	2.7	8.1	11.0
35～39	3.7	2.2	6.9	6.9
40～44	2.9	1.9	6.5	5.3
45～49	2.7	2.4	5.0	5.1
50～54	2.7	2.7	3.5	6.0
55～59	2.9	4.3	2.4	7.0
60～64	4.9	12.2	2.1	11.7
65歳以上	1.5	9.6	0.7	9.6

出所：総務省統計局「平成14年就業構造基本調査」より

図表5-6　男女別転職希望率の推移

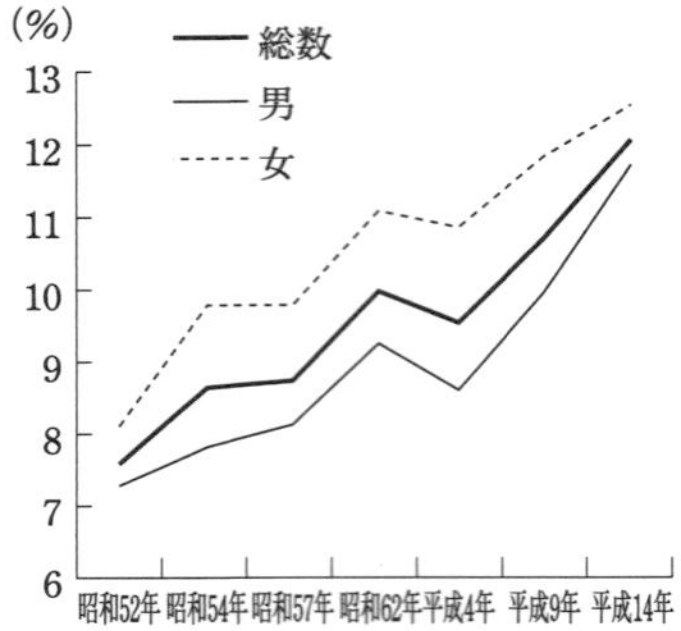

図表5-7　男女,年齢別転職希望率

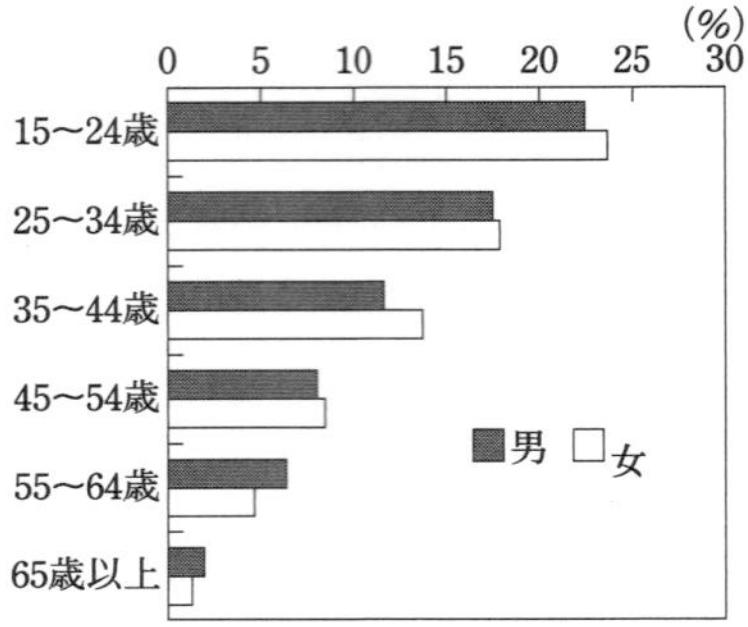

出所：総務省統計局「平成14年就業構造基本調査」より

く、男女とも二〇%を超える（図表5-7）。しかし、年齢が高くなるにつれ、転職希望率は下がる。これは転職には年齢制限があったり、あるいは年齢が高い層の転職には多くの場合賃金の低下をともなうことが影響していると思われる。

次に、転職の実態を日本労働研究機構（現、労働政策研究・研修機構）の「転職意識に関する調査」にもとづき、学歴、従業員規模の観点から見てみたい。この調査は対象が三〇～四九歳の男性、エリアが東京都心から五〇km以内と限定的であるが、他の調査に見られない貴重なデータが得られる。

まず転職と学歴との関係であるが、転職経験者の学歴で最も多いのが大学以上で三七・一%で、高卒が三四・〇%とそれに続く（図表5-8）。転職未経験者も含めて学歴が高いのは、前述したように、調査対象が東京都心近郊と限定されたことの影響が大きいと思われる。

転職と企業規模との関係では、一〇〇人未満の小規模企

図表 5-8　転職経験と学歴の関係

学　歴	転　職　経　験		
	有　り	な　し	計
中学校	24	12	36
	5.1%	2.9%	4.6%
高校	161	103	264
	34.0%	24.8%	29.7%
専門・短大	113	51	164
	23.8%	12.3%	18.4%
大学以上	176	249	425
	37.1%	60.0%	47.8%
学歴計	474	415	889
	100.0%	100.0%	100.0%

出所：日本労働研究機構「転職のプロセスと結果（概要）」資料調査シリーズ No. 137、2003年、9頁

業が六八・〇%と過半数を超えるのに対し、大企業では転職経験者が非常に少ない（図表5-9）。この実態には少し驚きを感じる。プロフェッショナル志向が高まりつつあるなか、大企業における転職経験者の割合が少ないということは、わが国の伝統的な雇用慣行である終身雇用がいまだ維持されていることを物語っている。その理由としては、大企業を中心とする人材育成や技能形成のあり方が考えられる。つまり、大企業の技能形成は長期安定雇用をベースに、その企業固有の技能（firm specific skill）を習得させるとともに、キャリア形成も内部昇進を中心としているため、働く人びとはその企業に留まらざるをえない。習得技能の非汎用性と内部昇進システムが、終身雇用を支える内部労働市場を堅固なものにしており、他からの流入を阻止する。そのことが大企業から大企業、あるいは企業規模の小さい企業から大企業への転職（労働移動）を妨げているもの

図表5-9　転職経験と企業規模の関係

現職規模	転職経験 有り		なし		合計	
従業員なし	52	12.1%	24	5.8%	76	9.0%
1～4人	66	15.4%	25	6.0%	91	10.8%
5～9人	34	7.9%	21	5.1%	55	6.5%
10～99人	140	32.6%	55	13.3%	195	23.1%
100～299人	50	11.7%	54	13.0%	104	12.3%
300～999人	37	8.6%	51	12.3%	88	10.4%
1000～4999人	26	6.1%	78	18.8%	104	12.3%
5000人以上	15	3.5%	81	19.5%	96	11.4%
官公庁	9	2.1%	26	6.3%	35	4.1%
合計	429	100.0%	415	100.0%	844	100.0%

出所：日本労働研究機構「転職のプロセスと結果（概要）」資料調査シリーズ No. 137、2003年、9頁

と考えられる。つまり、大企業に勤めている人は転職により失うものが多く、現状を維持するということである。

以上、二つの調査から若年層を中心に転職行動が増加しているが、転職者が働く企業は小規模企業が多いのが実態であることがわかった。しかし、労働政策研究・研修機構が二〇〇四年に実施した「企業戦略と人材マネジメントに関する総合調査」(従業員二〇〇人以上の企業が対象)によれば、企業が今後確保していきたい人材は、経理、法務、財務、研究開発などの「特定領域の専門家グループ」と「現場で高度な技能を発揮するグループ」である(図表5-10)。しかも、そうした人材の確保の方法は「新卒正社員の採用」や「正社員の中途採用」で行なうとする企業の割合が六割を超えている。特に、特定領域の専門家グループの確保に関しては、新卒採用と中途採用が半々となっており、積極的な転職者を受け入れる姿勢が感じ取られる(図

図表5-10　人材グループごとの活用方針

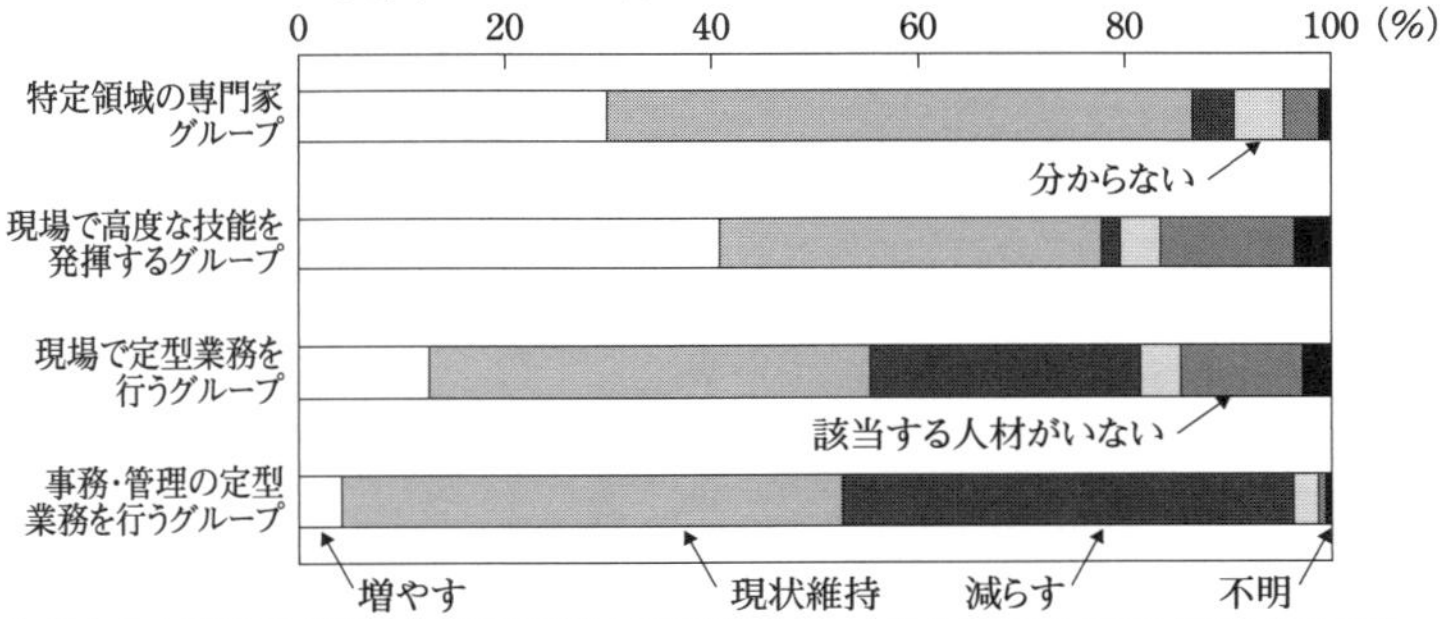

資料出所：（独）労働政策研究・研修機構「企業戦略と人材マネジメントに関する総合調査」（2004年）
（注）　1）正社員の中に上記人材グループに該当する者がいる場合の当該人材グループの雇用に関する将来見通し。

図表5-11　人材グループごとの確保方法

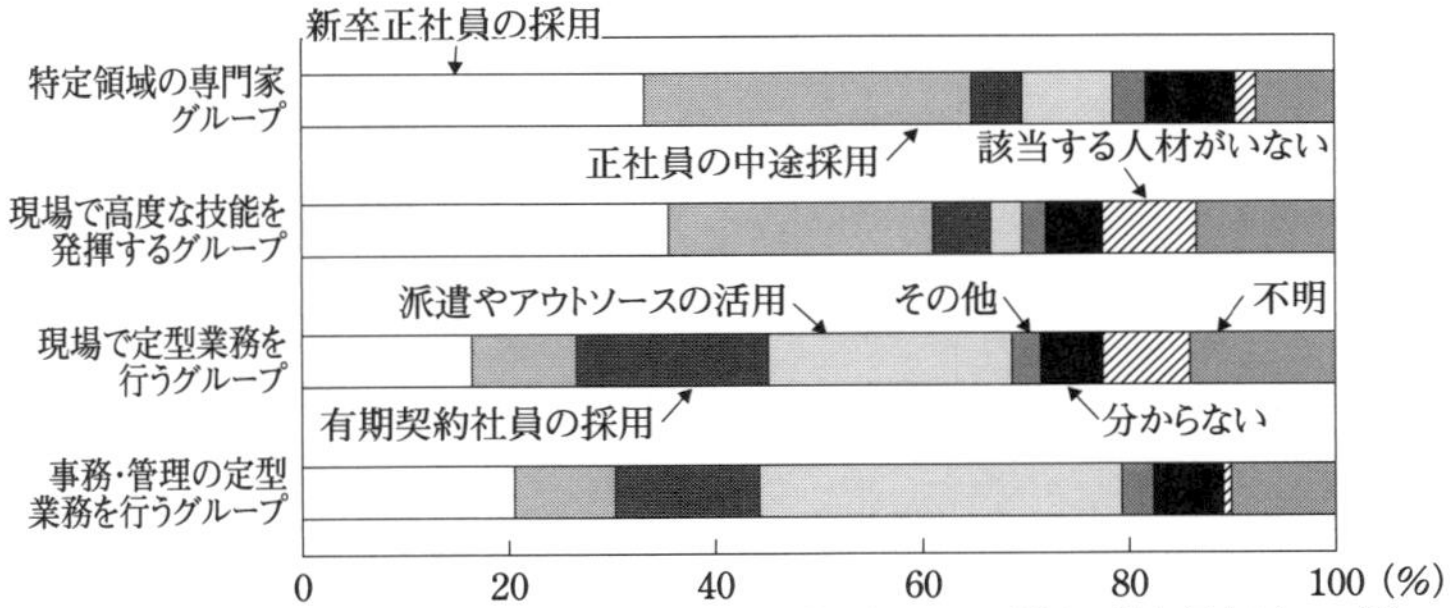

資料出所：（独）労働政策研究・研修機構「企業戦略と人材マネジメントに関する総合調査」（2004年）
（注）　1）正社員の中に上記人材グループに該当する者がいる場合の当該人材グループの雇用に関する将来見通し。
出所：厚生労働省編『平成18年労働経済白書』2006年，147-148頁

表5-11)。

このように、若年層を中心に増加傾向にある転職は、実態としては小規模企業で展開されているが、特定領域の専門家グループ、つまりプロフェッショナルに対するニーズの高まりから、今後は中規模、さらには大規模の企業にも拡大していくものと予想される。

ところで、プロフェッショナル志向に裏打ちされた転職行動が本格化するにつれ、これまでの人材育成のあり方にも大きな変革が求められる。そこで、プロフェッショナル人材を育成するための施策を、企業、業界、社会の三つの視点から見ていく。

まず最初は企業サイドにおける施策で、ここには二つの方法が考えられる。一つは「企業特殊技能(firm specific skill)からエンプロイアビリティ(employability)への転換」である。何度も述べているように、従来の人材育成のあり方は終身雇用を前提に、企業固有の職業能力の習得を中心に展開されてきた。習得する能力・技能が企業固有であるため、他では通用しない非汎用的な能力・技能となってしまう。こうした能力・技能の非汎用性が内部労働市場の壁を高くし、外部からの人の流入を拒んでしまう。転職が小規模企業において活発化しているのはこれが大きな要因である。プロフェッショナル人材の育成や転職をスムースに展開していくためには、企業固有技能の習得に拘泥することなく、内・外の労働市場で通用しうるエンプロイアビリティの習得も視野に入れていかなければならない。

エンプロイアビリティは、一九九〇年代に欧米を中心に、失業率の高まりに対する懸念や内部労

図表5-12　広義のエンプロイアビリティ

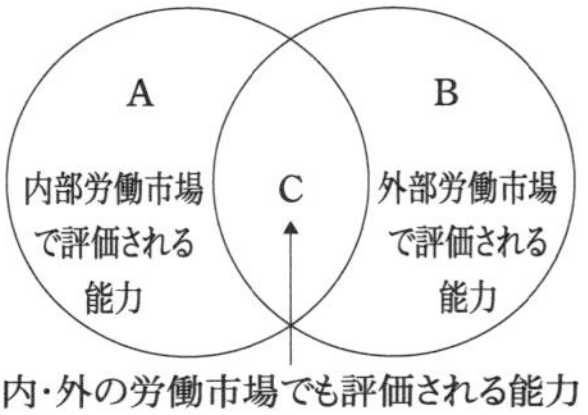

出所：諏訪康雄「エンプロイアビリティは何を意味するのか？」『季刊労働法』No.199（2002年5月号），87頁

働市場を中心とした雇用慣行の優位性の低下などを背景に登場したが、わが国でも日経連（現、日本経団連）を中心に本格的導入が進められている。図表5-12からも明らかなように、エンプロイアビリティには内部労働市場（自社）で評価される能力と外部労働市場（他社）で評価される能力の二面性（図表のCの部分）がある。

このようなエンプロイアビリティの育成は、OJTや階層別教育、職能別教育などでは難しく、大学などと連携した社内大学、いわゆるコーポレート・ユニバーシティ（CU）の設置なども必要となってくる。内・外にも通用しうるエンプロイアビリティの育成は、従業員の専門性を高め、新たな競争優位をもたらすとともに、その企業の魅力をも高め、外部から優秀な人材を惹きつける効果も生む。労働者の生き残り戦略を提唱するハーシュ（一九八七）も、一つの会社だけで専門化しないで、他社で使える技能を磨くことを強調している。[11]

もう一つは「キャリア・トランジッションにおける異質な経験」である。これは金井氏（二〇〇二）の「仕事で一皮むける[12]」

と同じことを意味する。プロフェッショナルな人材を育成するためには、キャリア形成における重要な時期（トランジッション）に、通常の業務遂行では経験できないような仕事を担当させ、視野の拡大や自分の専門性の基盤づくりをはかることが重要となる。自然界の青竹は多くの節をつくりながら高く成長する。節がないと青竹は折れて成長ができない。人間も青竹と同じで、キャリア形成の重要な節目に、異質な経験をして大きく成長できる。これを「青竹式キャリア形成論」と呼びたい。

具体的な異質な経験としては、組織横断的な全社プロジェクトへの参画、異業種交流への参加、外部へのトレニー派遣、大学院派遣、海外勤務、ベンチャービジネスの立ち上げなどが考えられる。大切なのは、これらをキャリア形成上のトランジッション、つまり節目に経験させるということである。プロフェッショナル人材の育成には、このような異質な経験を通したオーバー・エクステンション（キャリアの幅の拡大）が必要となる。

二つ目は業界サイドにおける施策である。プロフェッショナルの育成は決して企業のみの固有テーマではない。それは業界全体が抱える課題であると同時に、目指すべき方向でもある。業界サイドにおけるプロフェッショナル人材の育成方法としては、「業界連合型ＣＵ（コーポーレート・ユニバーシティ）」が考えられる。業界連合型ＣＵとしては繊維、ファッション業界の主要企業四〇〇社などの出資により作られたＩＦＩ（Institute for The Fashion Industries）があげられる。[13] ＩＦＩは次世代のビジネスを担うプロフェッショナル人材の育成を目指して設置されたもので、次のような四つのコースがある。

①マスターコース：基礎コースで、ファッション業界に関する基本知識、理論を学習する（学生の参加もＯＫ）

②プロフェッショナルコース：商品企画、バイヤーの仕事を目指す人のためのコース

③マネジメントコース：サプライチェーンやブランド構築論を内容とし、キャリア一〇年以上の幹部候補者を対象としている

④エグゼクティブコース：企業経営者を対象に、最新の企業戦略論を提供している

ＩＦＩの講師陣はその大半が企業の経営者や実務者で占められており、業界を代表する著名な経営者が講師を務めることも珍しくない。一部、電機連合に代表されるように、労働組合も雇用の流動化が本格化するなか、業界全体でエンプロイアビリティを高めるための施策づくりに着手する動きが見られる。今後は、本格的なプロフェッショナル社会の到来に向けて、業界全体での人材育成をはかっていくことがますます強く求められてくる。

三つ目は社会全体における施策である。企業や業界がそれぞれの努力でプロフェッショナルな人材を育成してもそれを受け入れる社会の器がないと定着できない。プロフェッショナルな人材を育て社会に受け入れていくためには、「専門職大学院のさらなる創設と職業コミュニティ」が必要となる。専門職大学院としては、ビジネス・スクール（経営大学院）、ロー・スクール（法科大学院）、アカウンティング・スクール（会計専門職大学院）などが多くの大学で設置され始めているが、今

後は早稲田大学に見られるような情報や、アメリカに見られるようなデザインなどのビジネス・プロフェッショナル大学院の設置も必要となる。

さらに、専門職大学院の創設と並行してプロフェッショナル人材から構成されるプロフェッショナル・コミュニティの構築が必要となる。前にも述べたように、プロフェッショナルは準拠集団が専門家集団にあり、そこでの貢献や評価に非常に高い価値を置く。したがって、専門職大学院で育成されたプロフェッショナル人材にはその帰属先ともいうべき職業集団やコミュニティが社会的インフラとして必要である。このような職業コミュニティがプロフェッショナルに必要な職業倫理を醸成するとともに、一つの職業別労働市場を形成し、市場横断的な労働移動を円滑にさせていく。

3 転職のメカニズムと転職方法の選択

これまでの考察で転職の実態がわかったので、次に転職のメカニズムについて考えてみたい。転職のメカニズムに関する先行研究としては、グラノヴェーター（Granovetter、一九九五）や渡辺氏（一九九九）らの研究がある。ここでは、転職メカニズムを渡辺氏の研究を参考に、図表5-13のように考えてみたい。

転職するかどうかを考え始めるきっかけは、現在おかれている状況（「前職の状況」）にある。つまり、会社に対するコミットメントや愛社精神、仕事の内容、職位（ポスト）、職場の人間関係、

図表5-13　転職メカニズム

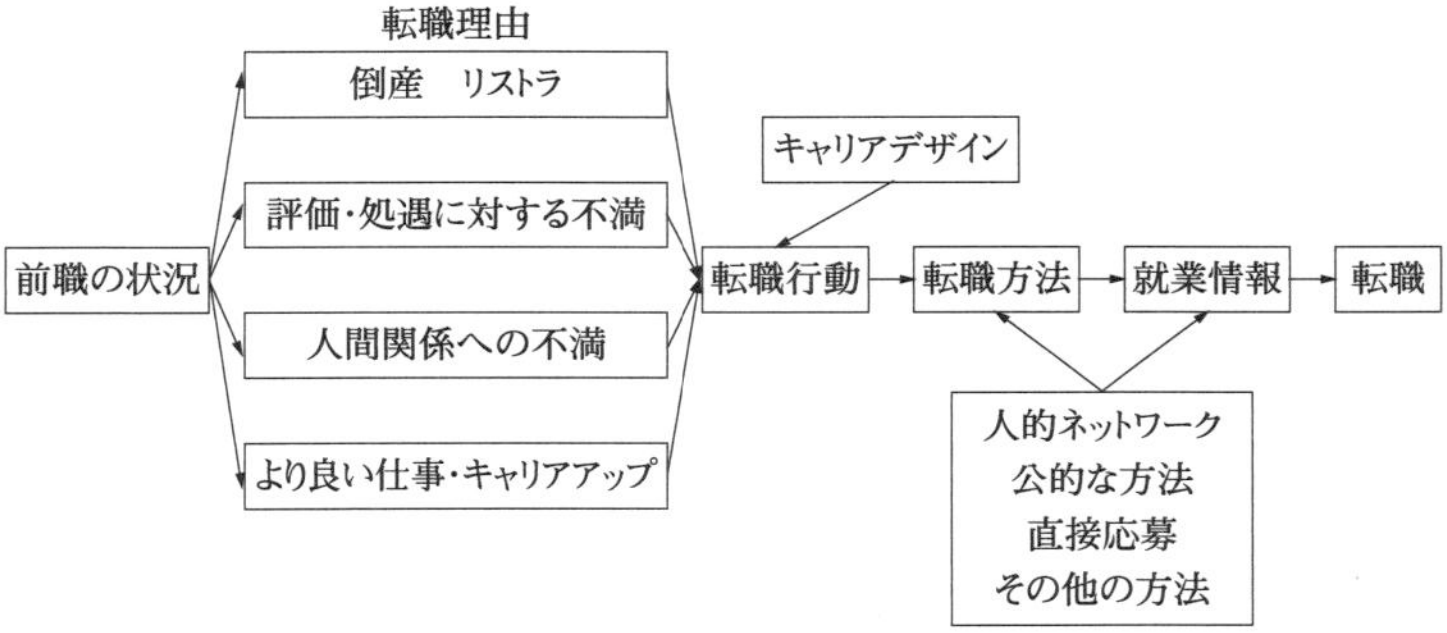

出所：渡辺深「ジョブ・マッチング」『日本労働研究雑誌』No.495（Oct.2001），20頁に加筆修正して作成

給与水準、勤続年数など、さまざまなものが絡み合ってこれまでの職業生活を振り返るとともに、将来に向けての思いをはせる。これまでの状況の総括が転職をするかどうかに影響を与える。

次の段階では、実際に会社を辞める「転職理由」が重要となる。前にも述べたように、転職には会社の都合や倒産による「非自発的転職」と自らの意思による「自発的転職」がある。図表5-13にある転職理由の「倒産・リストラ」は非自発的な転職につながるものである。残りの三つは自発的な転職につながる。三つの自発的な転職理由は、プッシュ要因かプル要因により区別される。プッシュ要因は転職行動を後押しするもので、その根底には現在の状況に対する不満がある。図表5-13における「評価・処遇に対する不満」や「人間関係への不満」がこれに該当する。プル要因は現在の状況にそれほど不満はないが、もっと良い仕事があったならあるいはキャリアップにつながるなら転職してもいいとするもので、

図表5-13の「より良い仕事・キャリアアップ」がこれに該当する。転職は個人の状況によりさまざまであると考えられるが、本書ではこの四つを包括的な転職理由としたい。

次は具体的なアクションを起こす「転職行動」である。具体的な転職行動で大切なことは二つある。一つは転職行動にいたる前に少なくとも一〇年先の「キャリアデザイン」をするということである。一般的に、非自発的な転職や転職理由がプッシュ要因の時は、多くの場合キャリアデザインがなされないで、現状回避的な転職行動につながりやすい。もう一つは転職したい企業の就業情報を得るための「転職方法」の選択である。転職方法には、ハローワーク、人材銀行、新聞・雑誌などの「公的な方法」、知人・友人、家族などの「人的ネットワーク」、転職者自らがエントリーする「直接応募」などがある。前述のグラノヴェーター(一九九五)は、就業情報は特定の社会関係に埋め込まれており、誰にでも入手できるものではないと考え、情報入手の手段として人的ネットワークを重視する。しかも、人的ネットワークのなかでも、たまにしか会わない学生時代の友人など、「弱い紐帯」(weak ties)で結ばれている人とのネットワークから転職に有効な情報を獲得する可能性が高いことを強調する。

そこで、ある調査から転職方法の選択の実態を見てみたい。それは一九九九年の日本商工会議所「人材ニーズ調査」をベースにした黒澤氏(二〇〇三)の分析である。黒澤氏は、人材ニーズ調査における中途採用者に対する分析から、入職経路と満足度に関して図表5-14、図表5-15のような結果を導きだしている。それによれば、入職経路、すなわち転職方法として主に選択されたのは、

図表 5-14　入職経路(転職方法の選択)

(単位：%)

	複数回答*	もっとも有力だったもの
求人情報誌	22.7	7.3
新聞・チラシ・張り紙等の求人広告	21.5	6.7
パソコン通信・インターネット	2.2	0.3
ハローワーク・人材銀行	44.2	28.3
民間の職業紹介機関	3.1	1.2
以前の勤務先	6.6	3.7
以前の勤務先の取引先等	9.9	4.7
現在の会社からの誘い	14.2	12.0
友人・知人の紹介	25.6	18.7
親兄弟・親戚の紹介	10.4	7.3
その他	4.3	3.3
無回答	2.3	6.4

注　*それぞれの項目について、44の無回答を含んだ1,895サンプルに占める「利用した」割合

出所：黒澤昌子「円滑な転職のための環境整備」佐藤博樹・玄田有史編『成長と人材』勁草書房、2003年、123頁

図表5-15　入職経路別満足度(企業・従業員別)

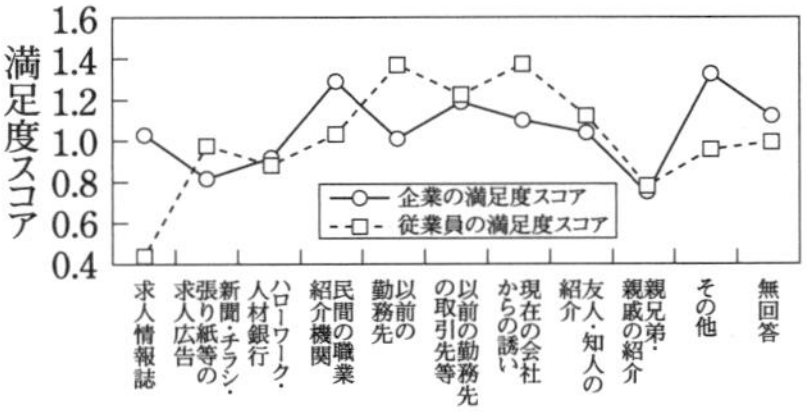

注　上記の満足度スコアは，まず「非常に満足」=2，「ほぼ満足」=1，「やや不満」=−1，「不満」=−2（従業員の場合，「どちらともいえない」=0）として，入職経路別に平均値を計算し，その数値を従業員全体と企業全体の満足度スコアの平均値（企業側は0.61，従業員側は0.40）で除して標準化したものである。「パソコン通信・インターネット」は該当サンプル数が少ないため除外している。

出所：黒澤昌子「円滑な転職のための環境整備」佐藤博樹・玄田有史編『成長と人材』勁草書房，2003年，124頁

「ハローワーク・人材銀行」（四四・二％）、「友人・知人の紹介」（二五・六％）、「求人情報誌」（二二・七％）であり、公的な方法が最も多い。しかし、転職に有力であった経路については、「ハローワーク・人材銀行」（二八・三％）が依然として第一位であるが、「友人・知人の紹介」（二八・七％）、「現在の会社からの誘い」（一二・〇％）など人的ネットワークがそれに続いており、両者の数値の差は大きく縮まっている。つまり、ハローワークや人材銀行などの公的な方法は転職者に幅広く選択されるが、転職における有効性の点では人的ネットワークに対する評価が高い。同様のことは前述の日本労働研究機構の調査や厚生労働省の「雇用動向調査」などにおいても指摘されている。こうした点からグラノヴェーターの指摘のように、人的ネットワークは有力な転職方法と言えよう。

一方、入職経路と満足度の関係は図表5-15のようになる。本書では従業員サイドの満足度についてのみ言及する。従業員の満足度を高める効果があった転職方法は、「現在の会社からの誘い」「以前の勤務先」「友人・知人の紹介」を中心とする人的ネットワークである。転職情報は情報の非対称性があるため、どうしても人的ネットワークに依存しやすくなる。どうやらこの点が人的ネットワークを活用した転職者の満足度を高めているようである。逆に、転職者の満足度がもっとも低いのが「求人情報誌」で、その大きな要因としては、転職者にとってほしいと思われる情報（たとえば、会社の方針や社風、将来性など）が媒体誌からは得られない点ともう一つは自分の能力や専門性などの個人情報がうまく企業サイドに伝わらないことが考えられる。

ところで、こうした転職方法として人的ネットワークを重視する考え方に対し、蔡・守島の両氏

（二〇〇二）は、人的ネットワークを活用する人は労働市場において恵まれている人びとで、労働市場において不利な立場にある人は職業紹介所や求人広告などの公的な方法に依存せざるをえないことを指摘しており、注目に値する。

ここでもう一度転職のメカニズムに話を戻したい。図表5-13において、転職方法の選択のあとには、「就業情報」がきている。これは転職先での仕事内容や職位、職場の雰囲気、会社の経営方針や将来性などの転職先に関する情報で、得られた就業情報の精度如何によっては、転職の満足度や転職に対する評価が大きく左右される。自分が納得できるあるいは信頼できる就業情報が得られれば、転職に対する決意や意思決定につながる。

4　望ましい転職のあり方

望ましい転職のあり方を考えるには二つの切り口（視点）が必要である。一つはマクロレベルの視点である。転職をスムースに展開するためには、まず労働市場における情報の非対称性を縮小させるための施策が必要となる。そのためには、すでにプロフェッショナルのところで言及したように、職業コミュニティなどを創設し、個々人の専門性が正しく評価されるような仕組みや機関が必要である。こうした職業コミュニティが各専門分野で効果的な形で広がりを見せれば、わが国においても職業別の労働市場が形成される可能性が高まる。こういう職業別労働市場が転職における情報の非対称性を縮小させると同時に、転職を円滑にし、最終的には労働力の再配分を可能とする。

さらにもう一つ必要となるのは、転職あっせん機関の整備である。公的なあっせん機関としてはハローワークや人材銀行などがあるが、高度な専門性をもった人材やプロフェッショナル人材のあっせんに十分機能しているとは言い難い状況にある。民間の人材紹介やあっせん機関と互角に競い合えるような公的な職業紹介機関が必要である。

望ましい転職のもう一つの視点はミクロレベル、すなわち個人レベルの視点である。個人の視点から望ましい転職のあり方を考えた場合、ポイントは六つある。一つ目は「キャリアデザイン」である。すでに転職のメカニズムで触れたように、転職を効果的にするためには、キャリアの節目（トランジッション）において自分の将来に向けてのキャリア設計をきちんと行なうことが必要となる。現実回避的な理由で、キャリアデザインもしないままの転職は、悪魔のサイクルに陥りやすく、転職行動を繰り返す。いわゆるジョブ・ホッパー（job hopper）化してしまう。

二つ目は「スキル・専門性のインベントリー」である。キャリアデザインを行なうためには、自分の獲得したスキルや専門性の棚卸し（インベントリー）が必要となる。ヘッドハンティング会社や専門家団体（集団）などでの評価を活用し、自分のスキルや専門性の市場価値（market value）を知ることは、転職先に対する積極的なアピールポイントにもなる。

三つ目は「ネットワークの拡大」である。日本のように終身雇用をベースにした雇用関係では、転職に必要な就業情報は一つの企業内に情報が埋め込まれてしまい、入手困難となる。このような

図表5-16　転職先での影響力行使のステップ

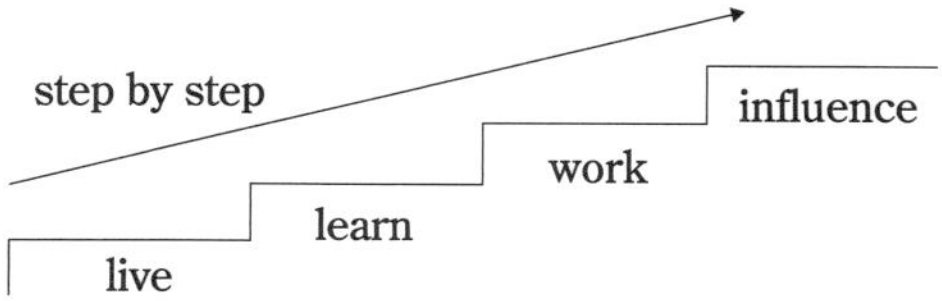

埋め込まれた就業情報を獲得するためには、あらゆる手段やチャンネルを通じて人的ネットワークを拡大・維持し続けていかなければならない。と同時に、そうしたネットワークの鍵となる人とは定期的に接触をはかり、必要な情報をモニタリングすることが重要となる。

四つ目は「ヘッドハンティングの活用」である。転職における情報の非対称性を克服する手段として、ヘッドハンティングを活用することを勧めたい。ヘッドハンティング会社を活用すれば、会社の社風や将来性、具体的な仕事内容などの埋め込まれた就業情報が得られるばかりでなく、客観的な市場価値に基づき、転職者のスキルや専門性を転職先に効果的に売り込むことができる。さらに、給与や年俸に関しても、直接応募による個別交渉よりもはるかに有利な条件を獲得しやすい。

五つ目は「マインド・チェンジ」である。転職において注意しなければならないのは、転職先でいきなり、自らの専門性やキャリアで影響力を行使しようと過剰反応してしまうことである。大切なのはマインド・チェンジし、まずは転職先で慣れ親しんで（live）で、必要なものを学び（learn）、その上で新メンバーと一緒に働き（work）、影響力を行使する（influence）といったように、段階が必要なことを認識することである（図表5-16）。

六つ目は「家族の理解」である。転職の実態で見てきたように、転職の多くは小・中規模の企業で主に展開されている。したがって、大企業からそうした企業に転職する場合は賃金の低下をともなうことが多く、少なからず家族生活にも影響がでる。そのためには、転職にともなうリスクなどを家族にも伝え、家族の理解を得ることが重要である。

注

(1) リクルートワークス研究所『Works』三四号(一九九九、六、七)特集：自営業の復権、一〇-一一頁。

(2) 詳しくはリクルートワークス研究所『Works』四二号(二〇〇〇、一〇、一一)第二章「スキルワーカーからナレッジ・ワーカーへ」を参照のこと。

(3) 野中氏は、日本企業の経営行動をこれまでの効率を中心とした生産システムからより高質な知の創造にむけた知識創造経営へと転換していくべきことを強調している(詳しくは野中郁次郎『知識創造の経営』日本経済新聞社、一九九〇年を参照のこと)。

(4) 山崎氏はナレッジ・ワーカーの特徴として、自己実現を追求する、暗黙知の認知的側面を重視する、生産手段である知識を所有する、コミュニティなどのギルドを活用するなど、一〇の特徴をあげている(詳しくは山崎秀夫『企業ナレッジポータル』野村総合研究所、二〇〇二年、一二一-一二七頁を参照のこと)。

(5) ジョアン・キウーラ(中島愛訳)『仕事の裏切り』翔泳社、二〇〇三年、一三五頁。

(6) 同上書、一三五-一三六頁。

(7) Hallは、態度的指標として、①専門職業団体への信頼、②公共奉仕への信念、③自己規制の信念、④職業的な使命感、⑤自律性の五つをあげている（詳しくは宮下清『組織内プロフェッショナル』同友館、二〇〇一年、六三頁参照のこと）。

(8) たとえば、リクルートワークス研究所『Works』六九号（二〇〇五、四、五）特集：育て！ビジネスプロフェッショナルを参照。

(9) 同調査におけるプロフェッショナルとは、「自分の専門領域を自分自身で決めている」かつ他人からの評価が「仕事で、自分なりのやり方で高く評価されている」または「広く社会に自分の仕事が自分の名前で認められる」と回答した人である（詳しくはリクルートワークス研究所『プロフェッショナル時代の到来二〇〇五』二〇〇五・三参照）。

(10) クラスター専門職とは、複数の職業能力をもつ専門職のことで、二五-三四歳で一つの仕事を掘り下げ、三五-四四歳でクラスター専門職として複数の専門職能を磨き、四五-五五歳で領域専門職としてさまざまな分野へ進出することが理想モデルとして描かれている（詳しくは津田眞澂『人事革命』ごま書房、一九八七年参照）。

(11) 渡辺深『「転職」のすすめ』講談社、一九九九年、二三頁。

(12) たとえば、金井氏は一皮むけた経験として、入社初期段階の配属・異動、初めての管理職、海外勤務、悲惨な部門、業務の改善と再構築、降格・左遷を含む困難な環境、昇進・昇格による権限の拡大など、をあげている（詳しくは金井壽宏『仕事で「一皮むける」』光文社、二〇〇二年参照）。

(13) リクルートワークス研究所『Works』五三号（二〇〇二、〇八-〇九）三一-三二頁。

(14) 大久保氏は、プロ化社会に必要とされる取り組みとして、①企業内プロの育成・システム構築、②プロが生み出した知財や技術を政府が保護し、換金できるシステムの構築、③ビジネスプロフェッショナル大学院の整備、④褒賞制度の整備、⑤プロコミュニティの創設をあげている（詳しくは大久保幸夫『ビジネス・プロフェッショナル』ビジネス社、二〇〇六年、二〇九−二一二頁）。

第六章　組織内キャリアとキャリア開発

1　キャリアの概念とキャリア・アンカー

キャリアへの関心の高まり

一九九〇年以前は終身雇用を前提に、会社と個人は長期的な雇用関係のなかで安定的に自分のキャリアを磨き、それを全うすることができた。そうした時代においては、キャリアの安定性が確保されており、自分の将来の姿やキャリアのゴールイメージを比較的容易に描くことができた。したがって、人は自分のキャリアやキャリア形成にあまり関心を抱かなくてもよかった。

しかし、一九九〇年以降はリストラや企業破綻、若年層の転職志向やプロフェッショナル志向の高まりなどにより、雇用の流動化が本格化しつつある。雇用の流動化にともない、これまでの会社任せのキャリア形成を自らの手で行なっていくことが、働く人びとに強く求められるようになった。

また、企業に求められる人材像も多様化しており、人材マネジメントのシステムも複線型人事制度[1]に代表されるように、キャリアコースの多元化が進んでいる。キャリアコースの選択は自らの意思やキャリア・カウンセリングを通して行なわれる。したがって、個人主体のキャリア・ビジョンやこうなりたい将来像がないとキャリアコースの選択がうまくできない。キャリアやキャリア・カウンセリングへの関心の高まりはこのようなことが背景になっている。

キャリアの概念

キャリアという言葉は、私たちの日常生活のなかでさまざまな使い方がされており、文脈によってその意味するところが異なる。たとえば、国家公務員における「キャリア組」(国家公務員I種合格者)、専門的な知識や技術を必要とする職業に従事した経験、昇進競争における勝者(エリートサラリーマン)、さらには単にこれまでの職業経歴など、さまざまな形でキャリアが使われている。

これらキャリアが意味するものは、前進や昇進などに象徴されるように、キャリアアップが大前提となっている。しかし、キャリアにはアップもあればダウンもあり、要は個々人にとってキャリアから何が得られ、いかに内面的に統合されたかが重要となる。つまり、キャリアは個々人の心や価値観の問題であり、第三者がそのアップダウンを評価すべきものではない。そういう意味において、キャリアは決して個人と切り離されては存在しえない。木村周氏も、キャリアとは個人の特性と環境との相互作用の複合として形成されることを指摘している。[2] このように、キャリアという言葉は、われわれに多様な概念を抱かせる多義的な用語である。

一般に、キャリアに関する定義としては、狭義のキャリアと広義のキャリアがある。[3] 狭義のキャリアは主に、職業生活と関連しており、それに付随するさまざまな要素が含まれる。それらは職業、職務内容、職務経歴、職業上の地位・役割など、長期にわたる仕事生活における自分の歩み（ヒストリー）を表しており、「客観的キャリア」[4]と位置づけることができる。狭義のキャリアは仕事生活を中心にしているという意味において「ワークキャリア」と表すことができる。

それに対し、広義のキャリアは職業生活に狭く拘泥することなく、個人の人生とその生き方を表している。これはキャリアとは単に職業や職務を意味するものではなく、もっと幅広く人生そのものと関わっているとする考え方である。人によっては仕事生活以外に、ボランティア活動や地域活動、さらには趣味活動や家庭生活そのものを重視する場合もあり、まさにその人の生き方や人生哲学が大きく反映される。広義のキャリアには個人の強い意志が働いている点から、「主観的キャリア」と位置づけることができる。こうした広義のキャリアは、狭義のキャリアをワークキャリアと表したのに対し、「ライフキャリア」と表すことができる。本章では組織内キャリアを取り扱うので、主にワークキャリアについて言及し、ライフキャリアについては第七章で解説する。

組織内キャリアの定義(5)

ホール(一九七六)は、キャリアを行動科学の見地から次のように大きく四つに分類している(6)。

①昇進・昇格(advancement)の累積としてのキャリア
②プロフェッション(profession)としてのキャリア
③生涯を通じて経験した一連の仕事としてのキャリア
④生涯を通じたさまざまな役割経験としてのキャリア

ホールのキャリアの概念のうち、第二のキャリアは医者や弁護士、聖職者などの伝統的なプロフェッショナルに対象が限定されており、組織内キャリアを定義するにはあまりにも狭すぎる。逆に、第四のキャリアは非仕事生活における役割や経験などの多様なキャリアまでもが含まれ、組織内キャリアとしての色彩が弱くなってしまう。

そこで、本書ではホールの第一のキャリアと第三のそれを包摂し、組織内キャリアを「一定の組織内において、生涯にわたって経験した職務内容、役割、地位、活動(実績)などの連続性のある統合・認識されたプロセス」と定義したい。大切なのは組織内における一連の仕事を通して得られた経験が個々人のなかに、一つの価値体系や行動体系としてきちんと認識され、明確化されているかどうかということである。本来、キャリアとは個人の選択と責任を基盤としているため、その精神的支柱として知覚・認識された価値体系や行動体系が必要となってくる。

キャリア・アンカー

われわれが職業選択やキャリア選択をする際の価値体系としてキャリア・アンカー（career anchor）がある。キャリア・アンカーはシャイン（Schein, 1978）が提唱している概念で、個人が選択を迫られたときに、その人が最も放棄したがらない欲求や価値観、能力であり、その個人の自己概念の中心を示すものとされている。つまり、キャリア・アンカーとは、個人がキャリア選択をせまられたときに、キャリアのあり方を導き方向づける錨を意味している。キャリア・アンカーの概念では、仕事の客観的側面よりも、むしろ個人が抱いている職業上の自己イメージが重視される。こうしたキャリア・アンカーの自己イメージは次のような三つの要素から成り立っている。(7)

①自覚された才能と能力　これはさまざまな仕事環境での実際の成功体験にもとづくもので、自分は何が得意で、何が苦手かを表している。この自覚された才能と能力は他人と比べてどうかという相対的なものではなく、自分自身が過去の経験に照らし、どう思うかという自己イメージである。大切なのは、自分の能力や才能を客観化することではなく、自分が重要だと思い、うまくできると思うことは何かということである。これは自分の強み、弱みを表している。

②自覚された動機と欲求　これは自分は一体何をしたいのか、何を望んでいるのかを表す。これも自覚された才能と能力と同様、自分のやりたいことをじっくり内省することで得られる。具体的には、これまでの自分の人生を振り返り、小さいときの夢、あこがれた職業、影響を受けた人物、大学入学の目的など、を手がかりに自分のやりたいこと、人生の目標などを探索し

図表6-1　キャリア・アンカーの概念

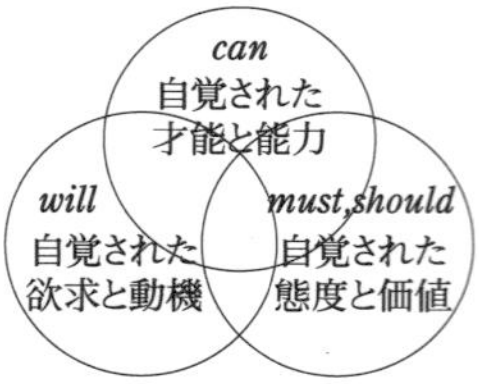

ていく。自覚された動機と欲求はこうした自分探しを通して得られる。

③自覚された態度と価値　これは自分のキャリアに対する価値を表すもので、仕事をする上での譲れない原則とは何か、自分の仕事やキャリアにどの程度誇りをもっているのか、どういう仕事で社会に役立ちたいと思っているのか、などを意味している。

このようなキャリア・アンカーを構成する三つの要素は、自覚された才能と能力はcan、自覚された動機と欲求はwill、自覚された態度と価値はmustないしはshouldとそれぞれ置き換えることができ、それらの関係を図で示すと次のようになる。重要なことは、図表6-1からも明らかなように、これら三つの要素がバランスがとれて均衡化されていることである。

シャインはこのようなキャリア・アンカーに対していくつかの留意点をあげている[8]。まず一つ目は、キャリア・アンカーは職務価値や仕事へのモチベーションの概念よりも広義な概念であるということである。これはキャリア選択において実際の仕事体験にもとづく自覚された能力や才能がもっと重視されるべきことを強調している。

二点目は、キャリア・アンカーはさまざまなテストから簡単に予測できないという点である。これはキャリア・アンカーとは個人と仕事環境の相互作用の結果であり、個人の内面にあり、キャリアの選択と決定において推進力にも抑制力にもなりうることが強調されている。

三点目は、キャリア・アンカーは個人の全体的イメージにおいて動機と価値と能力が徐々に統合されるという点である。つまり、キャリア・アンカーは自己イメージにおける能力、動機、価値の相互作用により獲得されることとなる。

四点目は、キャリア・アンカーは、キャリアの初期の何年かの間に発見され、比較的安定しているという点である。これは最後の留意点とも関連する。

最後は、キャリア・アンカーは個人の内部で増大する安定性の領域を明らかにするためのものであるという点である。これは個人がその成長をやめるということを指すのではなく、キャリア・アンカーは仕事や人生における経験を踏まえ、自己洞察や内省をふやすにつれより安定してくることを意味している。

キャリア・アンカーの種類

シャインは、こうしたキャリア・アンカーの種類に関しては、当初は技術的・職能的能力、管理能力、自律、創造性、保障の五つとしていたが、現在では次のような八つのカテゴリーに分類している。(9)

①専門・職能別コンピタンス（Technical/Functional Competences, TF）　この領域にアンカー

をおく人は、自分の専門分野に特化することを志向しており、管理職やゼネラルマネジャーになることには価値をおいていない。したがって、特定の専門分野から離れたときに、そのもっている能力やスキルに対する満足感を失う恐れがある。

望ましい仕事のタイプとしては、技術的専門職、研究開発職、教師や大学教員などがあげられる。

②全般管理コンピタンス（General Managerial Competences, GM）　この領域にアンカーをおく人は、経営管理に強い関心をもち、組織の長としての機会を得ようとしている。組織の長になるためには、いくつかの職能分野に精通する必要性を認識しており、ゼネラリストとして育っていく人である。したがって、出世や昇進に関して強い関心をもっている。

こうしたアンカーの人にとって望ましい仕事のタイプとしては、リーダーシップを発揮できる業務や組織の業績に大きく貢献できる業務、組織運営ができる業務（管理職）などがあげられる。

③自律・独立（Autonomy/Independence, AU）　この領域にアンカーをおく人は、自主性が強く、定められたルールや規則にしばられず、自分のやり方で仕事を遂行したいと考えている。つまり、自分のやり方、自分のペースなどが仕事の基準となっている。また、組織での生活を制約の多い非合理的なものと感じ、労働条件や環境によっては会社から独立してもいいと思っている。

望ましい仕事のタイプとしては、自己の専門分野における契約ベールかプロジェクトベースでの仕事が向いている。たとえば、コンサルタントや教育者などが該当する。

④保障・安定（Security/Stability, SE）　この領域にアンカーをおく人は、定年までの雇用保障や福利厚生などに強い関心をもち、経済的な安定性を志向する。したがって、キャリア選択に際しては仕事内容よりも、会社の安定性や将来性を重視する。

望ましい仕事のタイプとしては、先が見通せる業務や標準化された業務があげられる。仕事内容よりも、給与や作業条件などに目を奪われることが多い。

⑤起業家的創造性（Entrepreneurial Creativity, EC）　この領域にアンカーをおく人は、創造欲求が強く、新しい製品や新しいサービスを開発したり、新しい組織をつくったり、さらには新しい事業を起こすことに強い関心がある。ときには、自律や安定を犠牲にしてもいいとさえ考えており、自律・独立のキャリア・アンカーとは区別して考えることが重要である。

こうしたアンカーの人にとって望ましい仕事のタイプとしては、新製品や新サービスを開発したり、新しいビジネスを立ち上げる業務などが該当する。

⑥奉仕・社会貢献（Service/Dedication to a Cause, SV）　この領域にアンカーをおく人は、何か価値のあるものに対する欲求や世の中をもっと良くしたいという欲求が強く、正義感や大義名分、ボランティア精神を重視する。

望ましい仕事のタイプとしては、医療、看護、社会福祉、教育、聖職など、人を助ける仕事や、弁護士、新薬を開発する仕事、環境問題に取り組むNPO・NGOなどがあげられる。

⑦純粋な挑戦（Pure Challenge, CH）　この領域にアンカーをおく人は、解決困難な課題や高い目標にチャレンジすることを好み、自己を試す機会がないと退屈し、イライラしてしまう。

こうしたアンカーをもっている人は、営業や経営コンサルタント、プロのスポーツ選手などに向いている。

⑧生活様式（Lifestyle, LS）　この領域にアンカーをおく人は、仕事生活（working life）、家庭生活（family life）、社会生活（social life）という三つのバランス・調和を重んじ、成功とは単にキャリアの上だけでなく、生活全体から考えようとする。したがって、個人ニーズ、家族ニーズ、キャリアニーズの調和が強く求められる。

2　キャリア発達の段階とその特徴

組織内キャリアは、就職をもって始まり、いくつかの段階を経て発達する。そういう点から、キャリア発達に関する研究は人間のライフサイクルの段階と関連づけて論じられることが多い。キャリア発達に関しては、キャリア・ディベロップメント（career development）とキャリア発達が使い分けられており、より能動的な主体の意図を強調したいときは、キャリア・ディベロップメントが使われる。(10)本書では主に、組織内キャリアを論じていきたいので、キャリア・ディベロップメントを使いたいが、先行研究における用語統一性の観点から、キャリア発達という言葉を使う（キャリア・ディベロップメントに関しては第三節で解説）。

キャリア発達をめぐる諸理論

キャリア発達の諸理論としては、エリクソンのライフサイクル理論やレビンソンの段階区分の考え方などがあるが、本節では組織内キャリアを中心に論じるため、スーパーのキャリアステージ論とシャインのキャリアサイクル理論の二つを取り上げて、解説する。

スーパーの理論

①スーパーのキャリアステージ論　スーパーは、職業選択過程という観点から、次のような五つの発達段階の考え方を示している(11)。

第一段階　成長期（growth stage）：〇〜一四歳
　空想やお手伝いの経験などから、職業の世界に関心を示す段階。村上龍氏の『一三歳のハローワーク』に相通ずる。

第二段階　探索期（exploratory stage）：一五〜二四歳
　いろいろと試しながら、自分として適切と思う仕事を選択する段階。つまり、現実的な探索を通じて職業を選択する時期。

第三段階　確立期（establishment stage）：二五〜四四歳

特定の仕事に定着し、職業的専門性が高まり、昇進をする。自分の職業生活と職歴が明確になり、脂ののりきった創造的な時期。

第四段階　維持期（maintenance stage）：四五〜六四歳

自分のキャリアや確立した地位を維持し、キャリア上の成功を果たせば自己実現の段階となる。逆に、革新的な努力が生まれにくい時期。

第五段階　下降ないしは衰退期（decline stage）：六五歳以降

加齢とともに精神的、肉体的な力が衰え、職業世界から引退し、あらたなキャリアライフを選択することにせまられる時期。帰属先や所属集団を失うことに強い不安を感じる。

シャインの理論

②シャインのキャリアサイクル理論　シャインは、組織内でのキャリア発達段階を次のような九つの段階に区分している[12]。

第一段階　成長、空想、探究：〇〜二一歳

成熟した職業人になるための準備期。自分の欲求と興味、能力と才能を開発するとともに、適切な教育や訓練を受ける。

第二段階　仕事の世界へのエントリー：一六～二五歳
仕事の探し方、応募法、就職面接の受け方を学び、キャリアの基礎となりうる初めての仕事に就く。

第三段階　基本訓練：一六～二五歳
仕事の現実を知って受けるショック（リアリティ・ショック）に対処し、日常業務に適応するとともに、仕事のメンバーとして受け入れられる。

第四段階　初期キャリア：一七～三〇歳
責任を引き受け、効果的に職務を遂行し、昇進や横断的キャリア形成に向け技術や専門的知識を開発する。当該組織ないしは職業に留まるかどうかを決めることが必要になる。

第五段階　中期キャリア：二五～四五歳
専門性に磨きをかけ、組織のなかでの明確なアイデンティティを確立する。高度な責任を引き受け、より生産的な人間になる。家庭・自己・仕事への関心を適切に処置することが求められる。

第六段階　中期キャリアの危機：三五～四五歳
自分の抱負や野心に照らし、これまでの自分の歩みを再評価し、現状維持か、キャリア変更か、新しいより高度な仕事に進むかを決める。その際、家族との調整が必要となる。また、自分のキャリア・アンカーを知り、現実的な評価をする。

第七段階　後期キャリア（非リーダーとして）：四〇歳〜引退
専門的能力を深化させ、若い人びとのメンターの役割を担う。技能を深めるか、より広範な責任を引き受けるか、現状を維持するかを決定する。家庭の空の巣（empty nest）問題[13]への対処が求められる。

第八段階　後期キャリア（リーダーとして）：四〇歳〜引退
自己中心から組織中心へと見方を変え、組織の長期的繁栄に自分の技術と才能を役立てる。リーダーとして主要な部下を選抜し、育成する。広い視野と長期的展望で当該組織の社会的評価を行なう。家族、特に配偶者の欲求を満たすことに注力する。
衰えおよび離脱：四〇歳〜引退
権限、責任および中心性の低下を受け入れるとともに、能力、モチベーションの減退にもとづく新たな役割を受け入れる。仕事以外にも生きがいを求める。趣味、家庭、社会・地域との調和をはかるとともに、配偶者との関係再構築をはかる。

第九段階　引退（組織ないし職業からの離脱）
引退後の新生活に適応するとともに、これまで蓄積してきた経験と知恵を他者や社会のために活かす。社会参加の機会の維持が重要である。

スーパーとシャインのキャリア発達論に見られるように、働く人びとはキャリア選択により組織参入後、組織的社会化（organizational socialization）の過程を通して、キャリア発達をしていく。この両者の理論に共通しているのは、各キャリア発達段階の年齢幅がきわめて広いことである。これは、組織のキャリア開発のあり方や、個人のポテンシャリティやモチベーションの程度により、キャリア発達の状況がそれぞれ異なっており、予測することが困難であることが影響している。キャリア発達を分析する上で重要なことは、キャリア発達の段階をステレオタイプ的に無理やりパターン化（類型化）するよりも、個々人サイドの諸要因（たとえば、キャリアの関心、家庭環境など）に鑑み、いくつものキャリア発達のパターンがあることに気づくことである。

3　ＣＤＰと組織内キャリアの形成

組織内におけるキャリアを開発・形成していくためには、ＣＤＰ（Career Development Program）が必要となる。前節でキャリア発達にはいくつかのパターンがあることを指摘したが、それはキャリア発達には個人的な要因が大きく絡むためである。しかし、組織内におけるキャリア形成やキャリア開発（キャリア・ディベロップメント）には、必要とする人材像を育成するという組織のニーズが絡むため、系統だった人材育成プログラムや育成経路のパターン化が必要となる。

CDPの起源とその特徴

CDPは、アメリカで一九五五年の第二次フーバー委員会人事部会の勧告にもとづいてアメリカ陸軍文官に対して実施されたCDP（Army Civilian Career Program）が最初と言われており、わが国においては一九六三年に昭和電工に導入されたのがきっかけとなり、徐々に普及し始めた。一般に、CDPは経歴管理制度、キャリア開発計画などと呼ばれており、その意味するところは「長期的かつ系統的人材育成プログラム」である。シャインも、キャリア開発の本質は、「長期にわたる個人と組織の相互作用に焦点をあてること」にあることを指摘している。[14]

こうしたCDPには、大きく分けて次のような四つの特徴がある。[15] 第一は個人が生涯にわたって通過する経路（キャリア・パス）だという点である。ヴァン・マーネントも指摘しているように、キャリアとは、個人が生涯にわたって通過する、空間的広がりをもった、パターン化された経路である。

第二は、通過する経路が空間的に広がりをもっているということである。これは、キャリア形成は一つの専門分野や領域で特化する単一のキャリア・パスのみならず、幅広い職種を経験するキャリア・パスがあることを意味している（図表6-2）。

第三は、通過する経路がパターン化されていることである。CDPは長期的かつ系統的人材育成プログラムであるため、育成すべき人材像に向けキャリア・パスはパターン化されている。キャリア・パスのパターンがない場合は、組織内のパワー・ポリティクス（power politics）などの影響を

図表6-2　キャリア・パスの比較

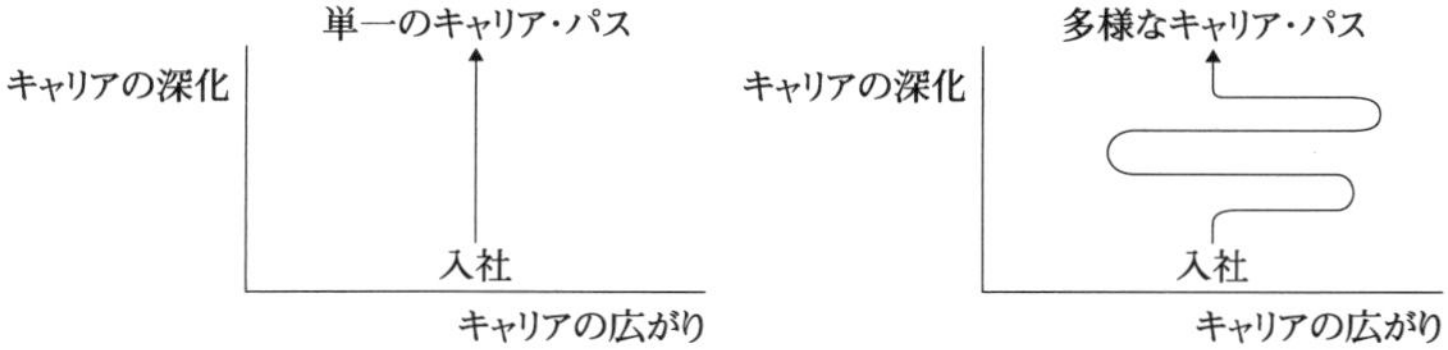

図表6-3　CDPの運用ステップ

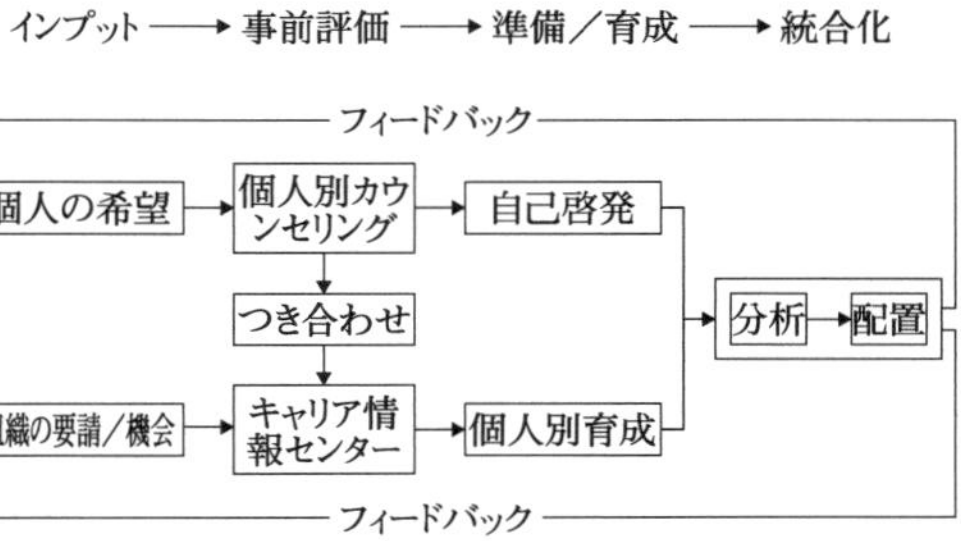

出所：人間能力開発センター編『いまなぜCDPか』青葉出版，1982年，116頁

受け、計画にもとづくキャリア形成ができない。

第四は、キャリア形成の中心は個人であるということである。ＣＤＰは組織が必要とする人材を育成するためのプログラムであるが、その主役はあくまでも個人である。図表6-3に見られるように、ＣＤＰは組織のニーズと個人のニーズを効果的に結びつける形で展開される。単に、組織のニーズに個人を無理やり誘導していくことが目的ではなく、個人が主体的に自分の将来に向けてキャリア設計をするのを援助、促進するプログラムである。ＣＤＰにおいて大切なことは、キャリア形成の主役は個人であり、本人にキャリア設計の決定権と自律性をもたせるこ

図表6-4　CDPにもとづくキャリア形成の展開イメージ

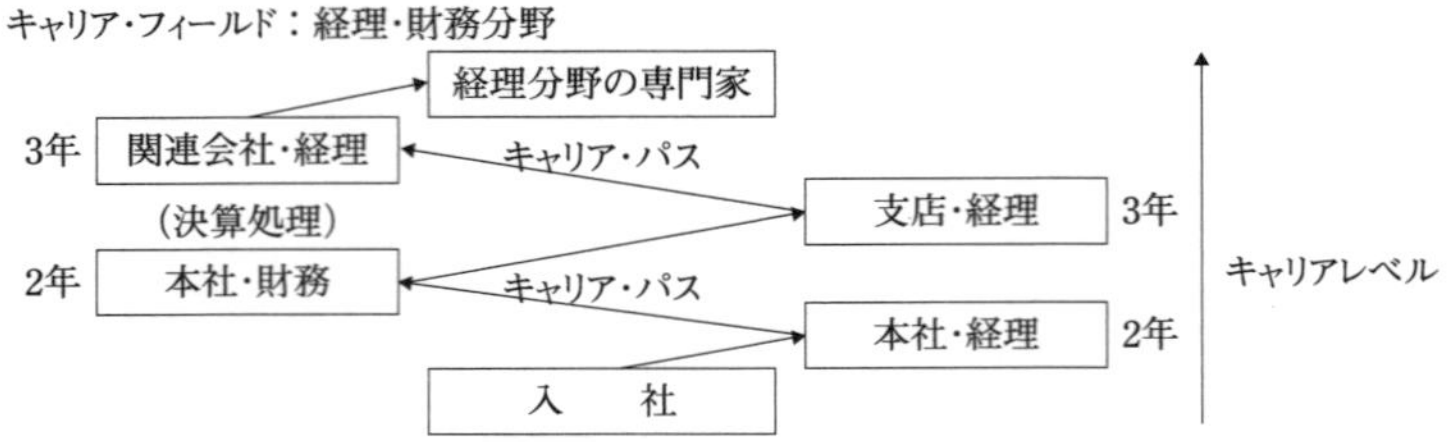

＊数字はその職種における経験年数を意味している

とである。個人の主体的なキャリア形成の意思なくしてはＣＤＰは運用できるものではない。

ＣＤＰの構成要素

ＣＤＰは三つの要素から構成されている。第一の要素は、キャリア・パス（career path）である。すでにＣＤＰの特徴でも解説したように、ＣＤＰを運用していくためには、その経験すべき職種ともいうべきキャリア・パスが必要である。しかも、そうしたキャリア・パスは人材育成の方向に系統だってパターン化されていなければならない。

第二の要素は、キャリア・レベル（career level）である。キャリア・パスはキャリアの空間的広がりを表したものであるが、それ以外にキャリアの深まりを表すキャリア・レベルが必要である。キャリア・レベルは専門性や技能の深まりを表すもので、ＣＤＰはこうした二つの軸がないとどうしても場当たり的なジョブ・ローテーションになってしまう。

第三の要素は、キャリア・フィールド（career field）である。

このキャリア・フィールドはＣＤＰにおけるゴール人材像ともいうべきもので、キャリア形成がコアとなる分野を中心に、関連する分野を含めどのような範囲で展開されるのかを表すものである。そういう意味において、これはいわばＣＤＰのグランド・マップとも言えよう。三つの要素から成るＣＤＰの具体的展開イメージを図で示すと図表６‐４のようになる。

シャインの組織の三次元モデル

シャインは、組織内キャリアの発達をある一定の方向性をもった組織内の移動と考え、図表６‐５のようなキャリア発達の三次元モデルを提示した。(16)

図表6-5　キャリア発達の3次元モデル

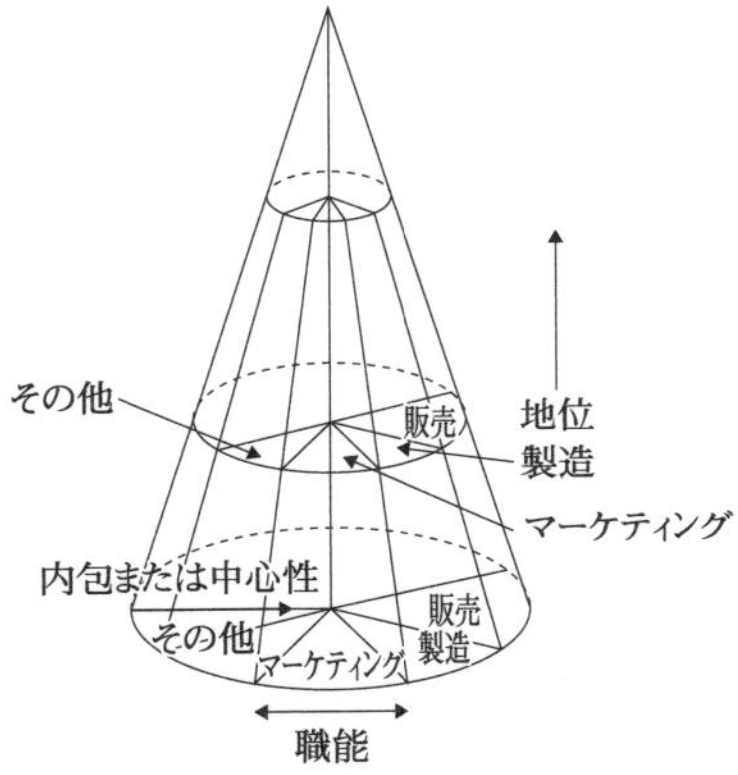

出所：エドガー・シャイン『キャリア・ダイナミックス』白桃書房，1991年，41頁

第一の次元は「階層の次元」で、人は組織内で昇進・昇給を達成しながら、地位の階段を昇っていく。これは組織の階層を隔てる境界を通過するプロセス（移動）であり、組織内のタテの移動を意味している。

第二の次元は「職能ないしは技術の次元」で、組織内のヨコの移動を表している。ゼネラリストを目指す人は幅広い職能を経験するだろうし、スペシャリストを目指す人は特定の職能においてキャリアを形成することとなる。

第三の次元は「部内者化ないしは中心性の次元」で、職業ないしは組織の内円あるいは核へと向かう移動である。これは本人の専門性や技能が高まり、周囲からの信頼を受け、影響力のあるポジションや部門でリーダーシップを発揮することを意味している。この中心化の次元は第一の次元である階層の次元と関連しあうことが多い。中心化の次元を表す代表的なものとしては、ライン部門からスタッフ部門への移動があげられる。

シャインは、こうした組織内のキャリア発達の三次元モデルにおいて、階層の次元における移動は、職能の次元および中心化の次元の移動とは異なるとしている。シャインによれば、キャリアの重大な危機はこうした組織の三次元の境界線の通過によって起こる。

CDPを支えるサブ・システム

CDPは人材育成のプログラムであって、コンピューターのハード部分である。コンピューターはソフトウエアの部分があってはじめてその機能価値が高まる。CDPにおいても同様のことが言え、その運用を支えるサブ・システムが必要となる。CDPの運用を支えるサブ・システムとしては、次のようなものが考えられる。まず一つ目は「キャリア・カウンセリング制度」である。前述したように、CDPにおけるキャリア形成の主役は個人であり、個人の主体的なキャリア設計やキャリア・デザインをサポートするために、キャリア・カウンセリング制度が必要となる。千代田化工では、三年目と六年目の階層別研修と連動する形でキャリア委員会によるキャリア・カウンセリングが実施されている。

二点目は「スキルズ・インベントリー・システム」である。これは個人の技能や専門性を棚卸しするもので、キャリア・デザインをする上での自分の強みや弱み、将来の目指すべき方向性などが見えてくる。一般に、スキルズ・インベントリーは製品軸、機能（職能）軸、専門的知識・技能軸の三つの軸を交差させて行なわれる。個人の主体的なキャリア設計には、スキルズ・インベントリー・システムは必要不可欠である。

三点目は「自己申告制度と目標管理制度（ＭＢＯ）」である。個人の関心と意欲を重視し、その人の能力や適性を踏まえながら、キャリア・ディベロップメント・プランを立てることを支援していくためには、自己申告制度が必要となる。自己申告制度を通して集められた人事情報はＣＤＰ展開の重要な判断材料となる。こうした自己申告制度と合わせて、目標管理制度の導入も強く望まれる。目標管理制度は本来、組織目標を達成するためのマネジメント・ツールであるが、多くの場合、そうした目標達成に必要な能力の開発や自己啓発などが含まれる。目標管理制度における能力開発や自己啓発の目標が、中長期的な視点と結びついたキャリア・デザインにつながれば、上司の効果的な部下指導や自己申告における面接との効果的連動も可能となる。

四点目は「人事情報システム」である。スキルズ・インベントリー・システムや自己申告制度によって集められた人事情報をＣＤＰの運用に効果的に使っていくためには、人事情報システムが必要となる。人事情報システムは、組織内キャリア形成における、いわば「キャリアの個人カルテ」のようなもので、CDP運用の重要な鍵をにぎっている。

五点目は「多元的なキャリア・コース」である。個人の主体的なキャリア形成を可能にしていくためには、キャリア・オプションの多様化をはかり、複線型人事制度に見られるような多元的なキャリア・コースを設定する必要がある。

最後は「全社的人材開発委員会」である。CDPを円滑に展開していくためには、人材の争奪をめぐる組織内のパワー・ポリティクスや組織の壁を取り除かなければならない。そのためには、全社横断的な人材開発委員会の設置が強く求められる。CDPにもとづく人材育成は全社的な問題で、部門固有のテーマではない。こうした全社的人材開発委員会がキャリア・サポート・センターとして機能するようになれば、望ましいCDPの展開が可能となる。

4　自律型人材の育成とワークシステム

求められる自律型人材

CDPは長期的かつ系統的な人材育成プログラムで、その主役は個人である。別の表現をするならば、CDPは個人の主体的なキャリア形成を組織が支援するものである。したがって、CDPが目指すのは、企業主導によりキャリア形成がはかられる従来の人材育成のあり方とは大きく異なり、自律型人材の育成である。若年層における仕事志向の高まりや、プロフェッショナル志向の高まりなどに象徴されるように、働く人びとのサイドにおいても自律的なキャリア形成を目指す人びとが増加しつつある。このようなキャリア志向に裏打ちされた自律型人材は、組織、働く人びとの両面において求められている。

ところで、間違ってはいけないのは、自律的なキャリア形成は人材育成の責任を個人にすべてゆだね、組織がその責任から逃れることを意味するものではないということである。これまで何度も述べてきたように、自律的キャリア形成とは、一人ひとりが自分のキャリアの主役になり、自己責任で自己のキャリア開発をすることで、組織はその実現に向けて側面からきちんとサポートしていくことが重要となる。

自律的キャリア形成をサポートするワークシステム

ＣＤＰは自律的なキャリア形成を支援するものであるが、自律的なキャリア形成はＣＤＰだけではその実現が難しい。ＣＤＰの運用をサポートするワークシステムが必要となってくる。そのようなワークシステムとしては、個人のイニシャティブによるキャリア選択が可能となるような「社内公募制」や「ジョブ・リクエスト制度」などがある。社内公募制は主に、新規事業の立ち上げや特別プロジェクト、既存部門の人員（戦力）補充などの必要性に応じて、組織内から希望者を募集し、応募者のなかから選ばれた人を配属するものである。個人のイニシャティブによりキャリア選択が可能となる社内公募制は自律的なキャリア形成の有効な手段となるものと思われる。

それに対して、ジョブ・リクエスト制度は、希望職種の提示がなくとも、自らがどの部門に行きたいか、あるいはどの職種に就きたいかを申し出るもので、自己申告制度と類似している。ただし、両者の違いは自己申告が上司との面接を通してその意思が組織に反映されるのに対し、ジョブ・リクエスト制度は上司を介しないで、直接組織に対し自分の意思を反映できる点にある。そういう点で、ジョブ・リクエスト制度はキャリアのフリー・エージェント制度（FA）で、効果的に運用できれば、自律的キャリア形成の大きな促進要因となる。

しかし、こうしたワークシステムは自律的なキャリア形成を支援する仕事環境のようなもので、残念ながら仕事そのもののデザイン、すなわち仕事内容の再設計にはいたっていない。キャリアの自律を促していくためには、担当する仕事そのものにも個人の自律が促されるような仕事の再設計が必要となる。そのような仕事の再設計モデルとしては、ハックマンとオールダムの職務特性モデル（Job Characteristics Model）がある。

職務特性モデルは、次のような五つの核となる職務特性の要素を入れて、仕事を再設計すれば、図表6-6に見られるように、特有の心理状態が生まれ、それを介してモチベーションや仕事の満足感、パフォーマンスなどが向上すると考えるモデルである。

①技能多様性（skill variety）　これは技能の多様性を表すもので、職務遂行者がもつ多様な技能や才能を要請される程度を意味している。

図表6-6　職務特性モデルの概念図

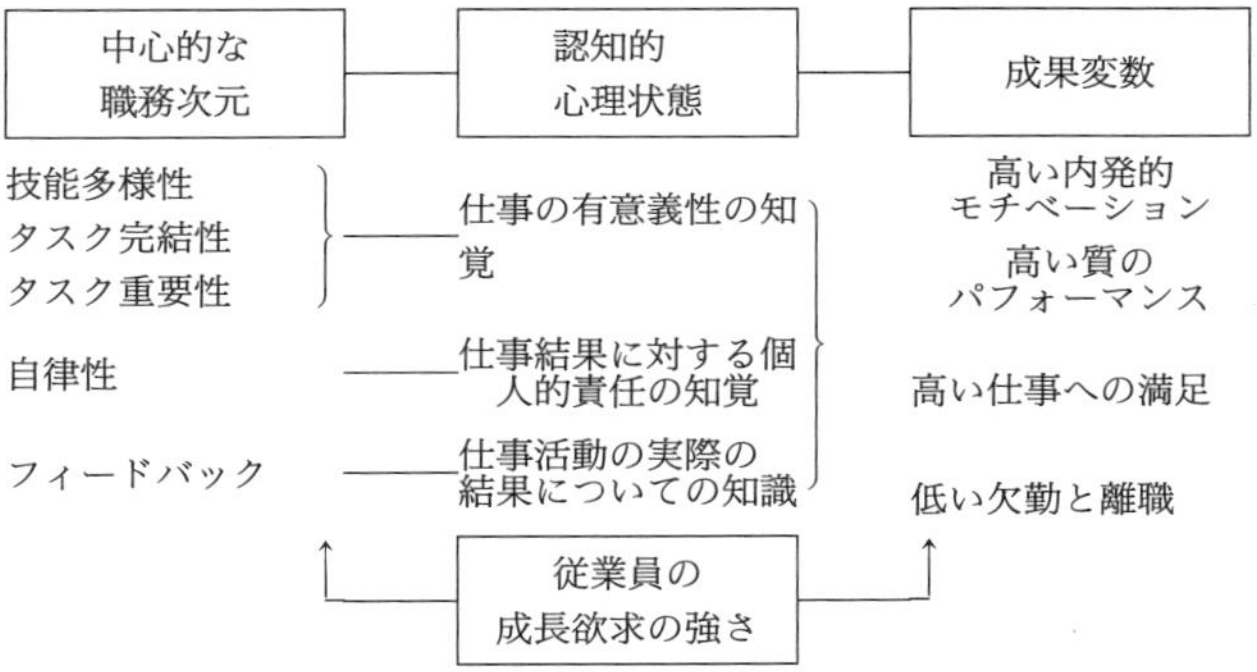

出所：平野光俊『キャリア・ディベロップメント』文眞堂、1994年、58頁

②タスク完結性（task identity）　これは職務遂行にあたり、全体あるいはまとまりある部分が要請される程度を表している。わかりやすくいえば、自分の仕事を最初から最後までひとりでやり、目に見える成果がどの程度出せるかを表している。

③タスク重要性（task significance）　これは仕事の重要性を表すもので、自分の仕事が他人の仕事や生命に影響をどの程度与えるかを意味している。

④自律性（autonomy）　これは仕事における自律性を表しており、計画や職務遂行における自主裁量の程度を意味している。

⑤フィードバック（feedback）　これは自分の仕事の結果や効率について明確な情報をフィードバックされる程度を表している。

このモデルで注意しなければならない点が二つある。一つは図表6－6の中心にある認知的心理状態は、仕事の有意義性は技能多様性、タスク完結性、タスク重要性の三つにより加算的にもたらされるのに対し、責任の知覚や仕事の結果に関する知識はそれぞれ自律性、フィードバックによって単独にもたらされるということである。

もう一つは、仮に五つの核となる職務特性を入れて職務再設計をしたとしても、モチベーションやパフォーマンス、仕事の満足感は個人の成長欲求の強さによって異なるということである。この成長欲求の強さは、新しいことを学習したり、創造的な仕事に関与したいというより高次の欲求を概念化したもので、レディネス（readiness）に近い概念である。(17)

こうしたハックマンとオールダムの職務特性モデルは、職務特性の総合スコアがＭＰＳ（Motivating Potential Score）(18)で測定できるなど、測定ツールの実用性の高さや診断の汎用性から評価が高く、きわめて優れた職務設計の理論モデルと言えよう。(19)

最後に、自律的なキャリア形成を支援していくためには、これまで述べてきたようなワークシステムの導入と合わせて、教育・研修システムも転換していく必要があることを指摘しておきたい。個の自律的成長を促す選択型研修、個別学習が可能となるｅラーニングシステム、さらには個人のキャリア・デザインをサポートするキャリア・プラン策定研修、企業内大学と呼ばれるコーポレート・ユニバーシティ（ＣＵ）による教育などは、個人の自律的なキャリア形成に大きく貢献すると思われる。

注

（1）複線型人事制度とは、個人の意思と適性に応じて人材を育成・活用していくためのキャリア形成プログラムで、「意思に応じた人材育成コース」と「適性に応じた人材活用コース」の二つのコースから成り立っている。意思に応じた人材育成コースには、一般職、総合職、専能職の三つのコースが、適性に応じた人材活用コースには、管理職、専門職、専任職の三つのコースがある。

（2）木村氏は、これ以外に、キャリアとキャリア・カウンセリングにおける実践上の課題として、(i)キャリアは人の生涯を通じて長期的、継続的に発達する、(ii)キャリア形成における文化的、社会的、経済的な社会環境の重視、(iii)キャリア形成における生涯学習社会の実現、をあげている（詳しくは木村周『キャリア・カウンセリング』雇用問題研究会、一九九七年、二六―二七頁参照）。

（3）宮城まり子『キャリアカウンセリング』駿河台出版、二〇〇二年、一〇―一三頁。

（4）金井壽宏氏は、キャリアには仕事における自分の足跡としての「客観的キャリア」とこれまでの歩みから将来を展望する「主観的キャリア」の二面性があり、キャリアにおいては主観的な側面が結構大切であることを指摘している（詳しくは金井壽宏『キャリア・カウンセリング』日本経済新聞社、二〇〇三年、一〇―一一頁を参照）。

（5）組織内キャリアの定義に関しては、若林満「組織内キャリア発達とその環境」若林満・松原敏浩編『組織心理学』福村出版、一九八八年、第一〇章を参照している。

（6）平野光俊『キャリア・ディベロップメント』文眞堂、一九九四年、一〇―一一頁。

（7）エドガー・シャイン（二村敏子・三善勝代訳）『キャリア・ダイナミックス』白桃書房、一九九一年、一四三頁。

（8）同上書、一四三―一四四頁。

（9）エドガー・シャイン（金井壽宏訳）『キャリア・アンカー』白桃書房、二〇〇三年、二五―四八頁を参照。

(10) 平野光俊『キャリア・ドメイン』千倉書房、一九九九年、二三頁。
(11) ドナルド・スーパー（日本職業指導学会訳）『職業生活の心理学』誠心書房、一九六〇年、九二-二〇四頁を参照。
(12) シャイン、前掲書(七)、四二-五〇頁。
(13) 空の巣とは、子どもが自立し、家庭も夫婦だけとなり、新しい家族生活、夫婦生活のあり方が求められることを意味している。
(14) シャイン、前掲書（七)、二頁。
(15) 人間能力開発センター編『いまなぜＣＤＰか』青葉出版、一九八二年、一六-一八頁。
(16) シャイン、前掲書(七)、三九-四二頁。
(17) 田尾雅夫『仕事の革新』白桃書房、一九八七年、四五頁。
(18) ＭＰＳとは、仕事の特性や複雑性を表す指標で、つぎのような公式により算出される。
ＭＰＳ＝（技能多様性＋タスク完結性＋タスク重要性)／3×自律性×フィードバック
ＭＰＳの得点（総合スコア）が高い場合は、内発的な動機づけとか、より大きな満足感はそれほど必要としていないことを意味する。
(19) 平野、前掲書(五)、五九頁。

第七章　ワークキャリアとライフキャリアの統合に向けて

1　ライフキャリアへの関心の高まりと主体的な生き方

根強いワークキャリア志向

第六章で述べように、キャリアには狭義のキャリアと広義のキャリアがある。広義のキャリアは、職業生活に狭くとらわれないで、個人の人生や生き方と関連づけてキャリアをとらえる考え方である。こうした点から広義のキャリアはライフキャリアと呼ばれている。

日本の雇用はこれまでは終身雇用が原則であったため、キャリアに関しては定年までの職業生活のあり方や組織内における昇進競争にもっぱら関心があり、職業生活での成功がターゲットであった。したがって、キャリアの目標も、「就社」意識に表されるように、どこの会社に入社し、どのポストまで昇りつめるかが最大の関心事となっていた。定年後の生活設計は、退職準備教育を中心に、退職金や年金、預・貯金をどのように運用するかという経済的側面が中心であった。定年後の生活設計は、定年までの職業生活で獲得した蓄財の恩恵で存在するもので、いわば職業生活の従属的位置づけとして見られていたと言えよう。

また、能力開発の側面でも、教育の責任は企業サイドにおかれており、働く人びとは会社に大きく依存する他力依存的な生き方を気づかずに行なっていた。

さらに、社宅や独身寮、退職金などの手厚い福利厚生施策が、一方で低賃金に対する不満の緩和策として機能し、他方で働く人びとの会社に対する他力依存的な生き方を根底から支えることにつながっていた。

このように、従来は働く人びとにとって、キャリアとは狭義のキャリア、すなわちワークキャリアをさし、広義のキャリア、すなわちライフキャリアにはほとんど関心が向けられることは少ない。と同時に、人びとの生き方も会社に大きく依存する他力依存的な生き方がその主流であった。

拡大する異動範囲

しかし、一九八〇年代から九〇年代にかけて、円高不況、貿易摩擦、バブル経済の崩壊、団塊の世代を中心とする従業員の高齢化などにより、企業経営のあり方にも大きな転換が必要になった。企業における労働力の需給バランスを保つため、リストラが断行され、団塊世代を中心とする中高

図表7-1　拡大する異動範囲

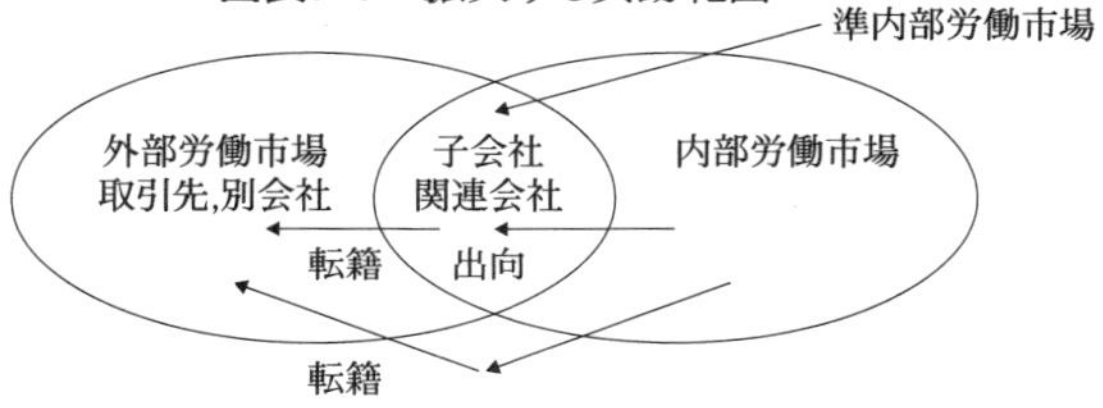

年層が企業外に追いやられたり、出向・転籍の対象者とされるケースが多い（図表7-1）。特に、出向に関しては、中高年層を対象にした、いわゆる片道切符（本社に戻れない）の排出型出向が増加傾向にあり、その深刻さを物語っている。

他力依存から自律的な生き方へ

このようなリストラや異動範囲の拡大は、終身雇用の否定につながり、働く人びとに会社に依存する生き方を見直すプレッシャーを与える。就社すれば、会社が必要な教育を施してくれ、定年までの雇用が保障されるというこれまでの暗黙の心理的な契約（psychological contract）は反古にされてしまう。これを契機に、働く人びとはいやでもその生き方を、自助努力による自律的な生き方へと転換していかざるを得なくなった。

また、一方ではこれまで述べてきたように、若年層では仕事志向やプロフェッショナル志向が高まり、会社に対する帰属意識が弱まり、転職行動が増加傾向にある。同時に、仕事と生活（非仕事生活）の両立志向が強く、仕事一辺倒の生活には抵抗があるようである。

図表7-2　3Lの充実

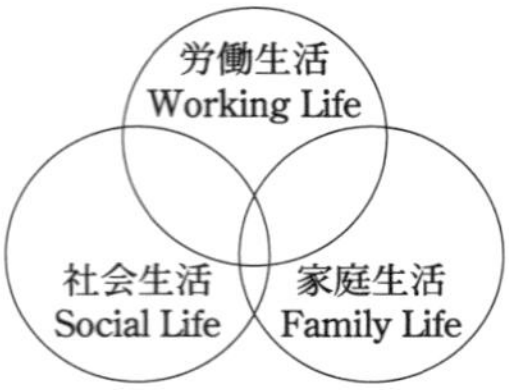

3Lの充実を求めて

さらに、最近ではエレガント・カンパニーという考え方が登場してきた。エレガント・カンパニーとは、赤岡功氏（一九九三）が提唱する概念で、経済性の向上だけでなく、人間性の向上をも同時追求する企業がエレガント・カンパニーであるとする考えである。これは経済性のみを追求してきたこれまでの企業経営に対して警鐘を鳴らすもので、人間性を高めることに背を向けて企業経営を展開すると、人びとの企業に対する信頼性が低下し、企業の活力をも奪うことにつながると危惧されている。

エレガント・カンパニーにおける人間性とは、(a)よいアウトプットを送り出すこと、(b)インプットをアウトプットに転換するのに従事する労働者の生活の人間化、(c)インプットの調達やアウトプット（副産物を含む）によって環境に悪影響を与えないこと、(d)企業の業務活動とは直接関係は弱いが企業を取り巻く社会への貢献、という四つから成り立つ[1]。

ここではそのなかでも、(b)の労働者の生活の人間化に着目してみたい。一般に、労働の人間化（Quality of Working Life: QWL）は労働生活において失われた人間性や主体性を回復することを意味するが、エレガント・カンパニーのなかでは、3Lの充実が強調されている[2]。3Lとは、労働生活（Working Life）、家庭生活（Family Life）、社会生活（Social Life）を指しており、これらのバランスが重要である（図表7-2）。

図表7-3　労働市場の変化

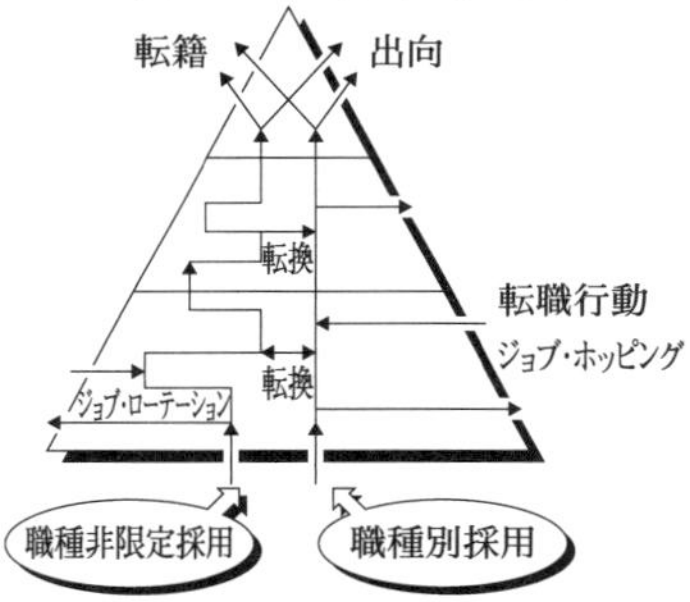

出所：谷内篤博「日本的雇用システムの合理性と限界」文京学院大学『経営論集』第8巻第1号，1998年，75頁

ライフキャリアへの関心の高まり

このように、中高年層を中心とする異動範囲の拡大や若年層を中心とする転職行動の高まり、仕事生活と非仕事生活との調和志向、さらにはエレガント・カンパニー構想のもとでの3Lの充実という動きは、働く人びとにライフキャリアに対する関心を高めるとともに、これまでの企業の内部労働市場にも大きな影響を与えている（図表7-3）。すなわち、図表7-3からも明らかなように、一つは中高年層の出向・転籍を中心に、もう一つは若年層における転職行動やジョブ・ホッピングを中心に、雇用が流動化しており、閉鎖的な内部労働市場は外部労働市場とのつながりをもつようになり始めている。

求められる主体的な生き方

ライフキャリアに対する関心の高まりや雇用の流動化は、働く人びとに会社頼みの生き方を捨て去り、主体的な生き方を選択することをせまる。豊かな人生や望ましい人生は受け身的な生き方や人生観からは生まれない。自らの人生は自らの手で切りひらくという主体的な生き方こそが今求められる。

ところで、主体的な生き方の「主体」とは一体何だろうか。単に、自分の人生において意思決定は自分で行なうということなのか、それとも自分の人生には自己責任の原則でのぞむということなのか。しかし、こうした曖昧な定義では主体的な生き方を実践することは困難であろう。職業社会学で著名な梅澤正氏は、「主体性」を三つの要素からなるものとして説明する。(3)

①人生享受の姿勢：人生の抱負をいだき、自分の人生を大いにエンジョイしようという生きることへの前向きな態度

②生存意義の探究：生きることの意味を探究し、自らの使命や役割をそこにみいだす

③個性の発揮：自分なりの世界観と健全な思想をもち、固有の存在性を確立しようとする傾性

私は、この主体性の三要素に、もう一つ「行動転化」を付け加えたい。なぜならば、主体的な生き方とは頭でえがき、こうしたいと願うことではなく、まさに思っていることを行動レベルで実践することである。

④行動転化：思ったことを行動に移す（転化する）ことで、learning by doing の実践を意味する

梅澤氏は、こうした主体的な生き方をする人を「個意識にめざめた人間」と比喩し、そこでは行為の主体的側面が強調されている。(4)

2　人生の羅針盤としてのキャリア

自分の人生を主体的に生きるということは、観念の世界で存在することではなく、生活することで、実践そのものである。そのためには、生き方の羅針盤ともいうべき人生ビジョンやキャリア・ビジョンが必要となる。

スーパーの「ライフ・キャリア・レインボー」

スーパー（一九八〇）は、キャリア発達を人間の発達と関連づけるとともに、キャリア発達に役割と時間という二つの軸を取り入れ、図表7-4のような「ライフ・キャリア・レインボー（Life-Career Rainbow）」を発表した。[5] これはまさに人びとの長い人生という道のりに架かった虹という意味で使われているが、その意味するところは、キャリア発達は人生上における役割（life role）と密接な相互関係があるということである。

スーパーによれば、人びとはキャリア発達を時間の視点からとらえた「ライフ・スパン」と、役割の視点からとらえた「ライフ・スペース」という二つの次元が交わるところで生きており、人生上で労働者以外の八つの役割を要請される（図表7-4）。[6] 八つの役割とは、子ども、学生、余暇人（余暇を楽しむ人）、市民、配偶者、ホームメーカー、親、年金生活者を表している。しかも、図表

図表7-4　ライフ・キャリア・レインボー

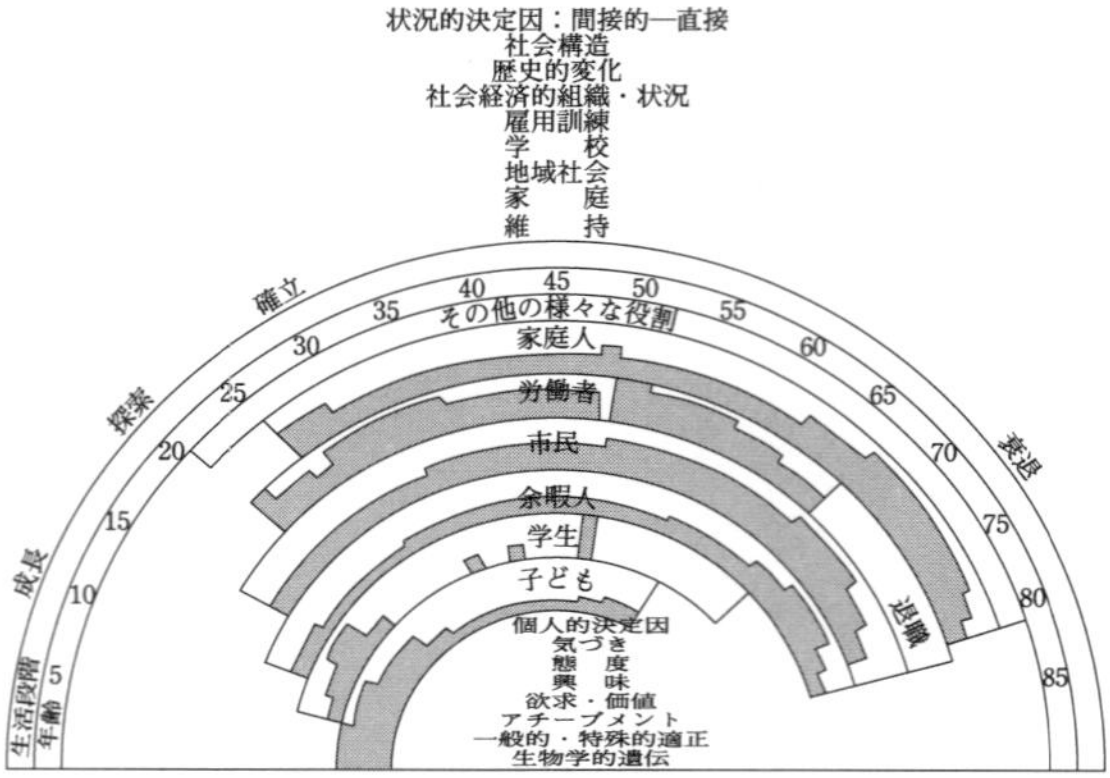

出所：宮城まり子『キャリア・カウンセリング』駿河台出版社，48頁

7-4に示すように、成長、探索、確立、維持、衰退というキャリア発達段階に応じて、これらの八つの役割を担う割合が異なっており、図中の黒く影になった部分の面積が、それぞれの段階における平均的な役割の時間とエネルギーの消費量とを示す。

このような人生上の役割は、一生の間に変化し、キャリア選択やキャリアの方向性を決定するのに重要な意味をもつ。しかし、役割遂行に投入する時間とエネルギーは個人のライフステージや人生観によって大きく異なる。

役割の重要性を決定する三つの要素

また、スーパーは、それぞれの役割の重要性は、図表7-5に示すような三つの要素によって決定されることを明らかにしている。[7] 第一の要素は「関与(commitment)」で、これはそれぞれの役割にどの程度打ち込んでいるかという態度的・情意的側面を

図表7-5　役割の重要性を決定する3要素

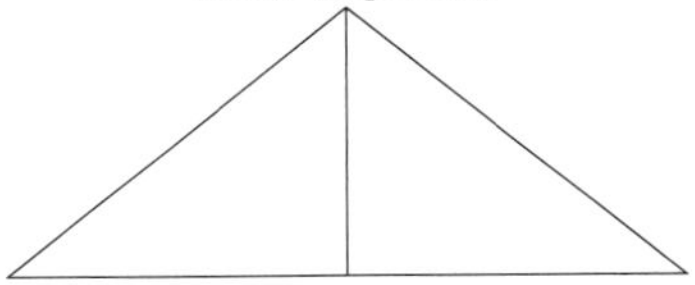

出所：中西信男『ライフ・キャリアの心理学』ナカニシヤ出版，1995年，105頁

表す。第二の要素は「参加（participation）」で、これはそれぞれの役割に実際にどの程度時間やエネルギーを投入したかという行動的側面を表す。最後の第三の要素は「知識（knowledge）」で、これはそれぞれの役割についてどの程度正確な情報をもっているかという認知的側面を表す。

このような三つの要素によって役割の重要性が決定され、その重要性にしたがって、それぞれの役割は多重的な構造を形成し、それらの相互作用を通じて個人のライフスタイルが決定される(8)。

さらにスーパーは、これらの役割は相互に影響しあい関連しあっており、これらのコンビネーションが人びとのライフスタイルを形成し、この連続的な役割構造がキャリア・パターンにつながると指摘している(9)。

以上を要約すると、スーパーのライフ・キャリア・レインボーの考えによれば、生き方としてのキャリアは人間の一生を通じて各種の役割を果たしながらダイナミックに変化し、長い時間をかけて形成されることとなる。しかも、このライフ・キャリア・レインボーは役割と時間の組み合わせからモデル化されており、人びとが自分の人生上の役割やそれをベースにしたキャリアパターンをおおまかに描くことを可能にしてくれる。

ハンセンの「統合的人生設計」

一方、ハンセン（一九九七）は家庭での役割から社会での役割まで、人生における役割をすべて含むものとしてキャリアをとらえ、「統合的人生設計（Integrative Life Planning: ILP）」という概念を提唱した。ハンセンが提唱する統合的人生設計は、ライフ・キャリアそのもので、労働（labor）、学習（learning）、余暇（leisure）、愛（love）の四つの構成要素から成り立つ。

ハンセンによれば、こうした四つの要素は人生の役割を果たしていく上で、それぞれの要素がうまく組み合わされ、統合されて初めて意味のあるものとなる。ハンセンは、こうした四つの要素が組み合わされる様をキルトという小さな布を縫い合わせながら大きな布にしていくことにたとえて説明する。

しかし、ハンセンが強調しているのは、全体性と統合性であり、人生におけるさまざまな役割を細かく分類してとらえることではない点に留意する必要がある。[10] 小さなキルトがどのように縫い合わされ、まとまりのある全体になるかが重要である。

とかく、人びとはキャリアを構成する人生の役割において、仕事を中心に考える傾向が強く、キャリア概念の中核に据えてきた感が強い。キャリアをめぐるこれまでのこうした流れに対し、ハンセンは仕事は人生や生活のなかで、それだけを切り離すことはできないとの前提にたちながら、仕事と並行して残りの三つの要素である学習、余暇、愛がバランス良く存在しなければならないことを強調している。すなわち、仕事だけしていれば豊かな人生を送れるわけでなく、むしろ仕事中心の偏った生活のなかでは人生は味気のない、貧しいものに変容することに警鐘を鳴らしていると言えよう。(11)

こうしたハンセンの考え方は、労働と余暇を峻別するこれまでの考え方に疑問を提起するとともに、仕事を人生の役割やキャリアの中心に据えるも、それは決して人生の他の役割や生活と切り離されて存在するものではなく、それらとバランスが保たれることが重要であることを強調する。

六つの重要課題

さらに、ハンセンは統合的人生設計（ＩＬＰ）において、次のような重要な六つの人生課題があることを指摘している。(12)

①グローバルな状況を変化させるための仕事を選択する　自分の興味や関心などに合う仕事を探すという視点からのみキャリア選択をするのではなく、地域や地球規模の社会、環境などのさまざまな問題を解決するために、創造性を発揮できる仕事を選択することが重要である。ハンセンは、最も重要な仕事して、環境保全、多様性の理解、人権擁護など、一〇種類の仕事をあげている。

②人生を意味ある全体像のなかに織り込む　キャリア設計は仕事を中心に設計されてきた傾向

があり、人生における他の役割や人間の発達と統合されることが少なかった。キャリア選択においては、男女の役割も含めた人生上の役割と職業・仕事とをバランス良く組み合わせ統合することが重要である。

③家庭と仕事の間を結ぶ　伝統的な性役割意識が崩壊し、職場や家庭においても大きな変化が見られる。今後は男女がイコール・パートナーとして協力しあえるようなキャリア設計や、社会や家庭における新たな男女の役割が必要となる。

④多様性と統合性を大切にする　グローバルな時代に生きるわれわれの社会には、人種、性別、宗教、年齢、言語などが異なるさまざまな人が共存している。大切なのは、こうした多様性を認め、それぞれの違いを活かしあい統合していくよう努力することである。グローバルな社会におけるさまざまな問題を解決していく創造性は、こうした違いのなかから生まれるのであり、そうした創造性が世界を豊かにする。(13)

⑤個人の転機（transition）と組織変革にともに対処する　ハンセンは、キャリアとは直線的に進むものではなく、人生におけるさまざまな予期せぬ出来事（転機）と遭遇し、スパイラル（螺旋）的に発達するものとしている。こうしたキャリア発達における転機に、うまく対処していくことが重要となる。また、ハンセンは個人が自分自身、家庭、組織における変革の担い手になることを強調している。

⑥精神性（spirituality）、人生の目的・意味を探究する　ハンセンは、精神性を宗教的な意味

ではなく、より大きな社会、コミュニティへの貢献という概念で使っており、仕事を通して社会に貢献し、人生の目的や意味を探ることを強調する。

上記の②、④、⑥は主に個人の発達と関連しており、①、③、⑤は自分を取り巻く環境と関連しており、両者は相互に関連し合う[14]。

こうしたハンセンの統合的人生設計の考え方は、人生、生活とキャリアをバランス良く統合した「ライフキャリア」を表しており、生き方としてのキャリアにつながるものである。しかも、キャリア形成やキャリア選択を地域社会やグローバルな社会の問題解決につなげるなど、これまでのキャリア論に見られない斬新でかつ幅広い視点が盛り込まれており、今後のキャリア形成、キャリア選択のあり方に多くの示唆を与える。

3　ワークキャリアとライフキャリアの統合

ワークキャリアとライフキャリアの統合の必要性

人びとがそれぞれの職業領域で職業能力を高め、キャリア・アップやキャリア・ディベロップメントを実現していくことは、大いに価値があり、個人にとっての生きがいにつながる。しかし、仕事生活におけるキャリア・アップやキャリア・ディベロップメントがわれわれの人生における最終目標とは言えない。

ハンセンは、われわれの人生や生活のなかで仕事の中心性は高いが、学習、余暇、愛などのその他の人生の役割とバランスさせることが重要であると指摘している。つまり、人生や生活のなかで仕事のみを切り離すことはできず、人生における他の役割とうまく統合させることが重要となる。

また、仕事生活と非仕事生活との関係については、スピルオーバー（spillover）仮説、すなわち流出モデル[15]が支持されており、両者の相互作用の関係が認められている。流出モデルでは、仕事生活において満足感や肯定的な感情をもつ場合は、非仕事生活でも快の感情をもちやすい。逆に、仕事生活において不満や否定的な感情をもつ場合は、非仕事生活においても快の感情は抱きにくい。

このように、われわれは人生設計やキャリア設計において、仕事生活と非仕事生活をうまく調和させていかなければならない。われわれに求められているのは、豊かな人生と有意義で充実した生き方の実現である。そのためには、狭義のキャリアであるワークキャリアにとらわれることなく、広義のキャリアであるライフキャリアをも視野に入れ、キャリア設計していく必要がある。ハンセンやスーパーが主張するように、両者の統合が強く求められる。

ワークキャリアとライフキャリアの統合の仕方

ワークキャリアとライフキャリアを統合していくためには、人生におけるさまざまな出来事、言い換えるならば転機（transition）と向き合い、それを乗り越えられるようキャリア設計していかなければならない。シュロスバーグ（一九八九）は、人生は転機の連続であり、それにどう対処し、乗り越えるかが重要であるとしている。と同時に、人生の転機を乗り越えるには、体系的な方法論があることを指摘する。それはあらゆる転機を安全に導くためのいわばロードマップのようなもので、次の質問に答えることから始まる。(16)

・仕事、人生のパートナー、ライフスタイルなどを変えたいですか
・思いがけない変化や不本意な変化に悩んでいますか
・この転機こそ自分の人生で一番つらい時期かもしれない、と思うような体験をしたことがありますか
・未知の人たちと新しい人間関係をつくることにわくわくしますか
・早い時期に引退しようか、もっと働こうか迷っていますか
・良きにつけ悪しきにつけ、新しい環境に順応するのは困難なことだと思いますか
・今、途方に暮れていますか

具体的な転機を乗り越える方法論は、大きく三つのステップから成り立つ。(17)第一ステップは「変化を見定める」で、転機の識別や転機のプロセスに焦点があてられている。第二ステップは「リソースを点検する」で、転機を乗り越えるためのリソースを点検することを意味する。第三ステップは「受け止める」で、転機への対処に向けて具体的な計画をたてることを意味する。

四つのリソース（４Ｓ）の点検

ここでは、転機を乗り越える上で最も重要と思われる第二ステップに焦点をあてて見ていくことにしよう。シュロスバーグは、転機を乗り越えるためのリソースの点検として次のような４Ｓをあげている。[18]

①Situation（状況）の点検　当面する転機についての点検で、転機の特性やタイミング、転機をコントロールできるかなど、変化がどの程度の影響をおよぼすかを見きわめる。転機が自分にとってチャンスなのか、危機なのかの判断はきわめて重要である。

②Self（自分自身）の点検　転機に対処する自分に対する点検で、自分には転機に対処するパワー、とくに内面的（精神的）強さはあるかを見きわめる。

③Support（周囲の支え）の点検　転機を乗り越えるための周囲の支えを点検するもので、周囲の支えとしては友人、家族、知人、専門機関などがあげられる。個人の内面的なリソース、つまり精神力やストレス耐性が高くても、それだけで転機を乗り越えるのは難しい。やはり信頼できる周囲のサポート、支え（好意・肯定など）が必要となる。

④Strategies（戦略）の点検　転機を乗り越えるには、万能薬はなく、状況に応じていくつかの戦略をたてておき、臨機応変に対応していくことが必要となる。そのためには、状況を変える対応、状況や問題に対する認識を変える対応（状況の意味を変える対応）、さらにはストレスを解消する対応などが求められる。

こうしたシュロスバーグの主張を要約するならば、人生は転機の連続であり、それを乗り越える工夫と努力をすれば、転機を機会（チャンス）につなげることができ、個々人のキャリアに幅と深まりが出てくることとなる。すなわち、人生の転機にうまく対処すれば、それが人びとのキャリア形成、キャリア開発につながるというわけである。

人生六〇年時代においては、五五歳定年が実質的に職業生活の終焉を意味しており、われわれの人生設計やキャリア形成は仕事生活を中心に成り立っていた。しかし、人生八〇年時代の現代においては、津田眞澂氏の言葉を借りるならば、六〇歳定年はまさに半身雇用であり、定年後の残りの人生をいかに生きるかが重要な課題となる。定年退職を控えた人びとに対し、これまで実施されてきた付け焼き刃的な退職準備教育ではしっかりした人生プランが立てられない。

人生八〇年時代において必要なのは、職場、家庭、社会での役割をも含めてキャリアをとらえるとともに、働くことの意味や生きることの意味を探究しつつ、自律的なキャリア形成で、人生の転機を主体的に生き抜いていくことである。こうした自律的なキャリア形成と主体的な生き方で、人生の転機を乗り越えていけば、自ずと自分のキャリアに幅と深まりが出て、個人を大きく成長させていく。これは、すでに第五章で述べたように、節（転機）を通して大きく成長する竹（人間）に比喩される「青竹式キャリア形成」そのものである。

このように、八〇年という長い人生の道のりを力強く歩いていくためには、仕事生活を中心とするワークキャリアに狭くとらわれることなく、仕事生活を離れたライフキャリアにも大きな関心を寄せていかなければならない。
今後、われわれには、スーパーやハンセン、シュロスバーグの理論や考え方を参考に、人生と職業、仕事の関係を改めて見直し、ワークキャリアとライフキャリアのバランスがとれたキャリア設計をしていくことが強く求められてくるだろう。

注

(1) 赤岡功『エレガント・カンパニー』有斐閣、一九九三年、二二頁。
(2) 同上書、一一〇-一一二頁。
(3) 梅澤正『職業とキャリア』学文社、二〇〇一年、一八三-一八四頁。
(4) 同上書、一八四頁。
(5) スーパーは、一九九〇年にライフ・キャリア・レインボーを改定し、新たな「アーチ・モデル」を発表した。アーチ・モデルにおいては、キャリアのさまざまな規定要因が大きく「個人的要因」(心理学的特性)と「社会環境的要因」(社会・経済状況)の二つに区分され、アーチ上に示されている(詳しくは宮城まり子『キャリア・カウンセリング』駿河台出版、二〇〇二年、五四-五六頁参照)。
(6) 渡辺三枝子編『キャリアの心理学』ナカニシヤ出版、二〇〇三年、一六頁。
(7) 中西信男『ライフ・キャリアの心理学』ナカニシヤ出版、一九九五年、一〇四-一〇六頁。
(8) 同上書、一〇五頁。
(9) 宮城まり子『キャリア・カウンセリング』駿河台出版、二〇〇三年、五二頁。
(10) 同上書、一一一頁。

(11) 同上書、一一一-一一二頁。
(12) 渡辺、前掲書、一三四-一三五頁。
(13) 宮城、前掲書、一一四頁。
(14) 渡辺、前掲書、一三五頁。
(15) 仕事生活と非仕事生活の関係性については、他に補償（compensation）モデルと分離（segregation）モデルがある。補償モデルは、仕事生活で充たされないときは、非仕事生活で、その不満を補うかのように快適さを追求するとの考えにたつ。一方、分離モデルは、両者は切り離されており、影響し合うことはないとするものである（詳しくは小野公一『職務満足感と生活満足感』白桃書房、一九九三年、八一-八三頁）。
(16) ナンシー・K・シュロスバーグ（武田圭太、立野了嗣監訳）『「適職社会」転換を活かせ』日本マンパワー出版、二〇〇〇年、一四-一五頁。
(17) 同上書、二一頁。
(18) 同上書、七四-一八〇頁［状況（Situation）の点検は第三章、自分自身（Self）と周囲の支え（Support）の点検は第四章、戦略（Strategies）の点検は第五章を参照］。

参考文献

赤岡功　1993　『エレガント・カンパニー』有斐閣

赤岡功編　1993　『エレガントな時代の労働と生活』法律文化社

赤岡功・日置弘一郎編　2005　『労務管理の人的資源管理の構図』中央経済社

浅野智彦編　2006　『検証・若者の変貌』勁草書房

荒木博之　1973　『日本人の行動様式』講談社

H. アレント（志水速雄訳）1994　『人間の条件』

R.N. ボウルズ（花田知恵訳）2002　『あなたのパラシュートは何色？』翔泳社

T.L. ビーチャム・N.E. ボウイ（梅津光弘訳）　2001　『企業倫理学』晃洋書房

R. カイヨワ（清水幾太郎、霧生和夫訳）1970　『遊びと人間』岩波書店

J. キウーラ（中嶋愛訳）2003　『仕事の裏切り』翔泳社

R.T. ディジョージ（永安幸正・山田経三監訳）1995　『ビジネス・エシックス』明石書店

R. ドーア（石塚雅彦訳）2005　『働くということ』中央公論新社

R. ドーア（加藤幹雄訳）1991　『21世紀は個人主義の時代か』サイマル出版会

土居健郎　1971　『「甘え」の構造』弘文堂

藤本昌代　2005 『専門職の転職構造』文眞堂

玄田有史　2001 『仕事のなかの曖昧な不安』中央公論新社

玄田有史・中田喜文編　2002 『リストラと転職のメカニズム』東洋経済新報社

現代経営学研究会編　2001 『Business Insight テーマ：エンプロイビリティ』No. 34

Gouldner, A.W.　1958 'Cosmopolitans and Locals：Toward an Analysis of Latent Social Roles-I・II', *Administrative Science Quarterly* (Dec. 1957, March)

M. グラノヴェター（渡辺深訳）　1998 『転職』ミネルヴァ書房

Hackman, J.R. & Oldham, G.R.　1976 Motivation through the design of work: Test of a theory. *Organizational Behavior and Human Performance*, 16, 250-279.

Hall, R.H.　1968 Professionalization and bureaucratization, *American Sociological Review*, 33：92-104.

Hall, D.T.　1976 *Careers in organizations*. Glensview, IL: Scott, Foresman.

Hansen, L.S.　1997 *Integrative life planning*: Critical tasks for career development and changing life patterns. San Francisco: Jossey-Bass.

間宏　1978 『日本的経営』日本経済新聞社

濱口恵俊　1982 『間人主義の社会　日本』東洋経済新報社

濱口恵俊・公文俊平編　1982 『日本的集団主義』有斐閣

濱口恵俊　2003 『「間の文化」と「独の文化」』知泉書館

樋口美雄・八代尚宏編　2006 『人事経済学と成果主義』日本評論社

平野光俊　1994　『キャリア・ディベロップメント』文眞堂
平野光俊　1999　『キャリア・ドメイン』千倉書房
久本憲夫　2003　『正社員ルネサンス』中央公論新社
一橋大学イノベーション研究センター編　2003　『一橋ビジネスレビュー』51巻1号、東洋経済新報社
J. ホイジンガ（高橋英夫訳）1971　『ホモ・ルーデンス』中央公論社
J.L. ホランド（渡辺三枝子・松本純平・館暁夫訳）1990　『職業選択の理論』雇用問題研究会
飯田史彦　2002　『働くことの意味がわかる本』PHP 研究所
稲上毅・川喜多喬編　1999　『講座社会学』東京大学出版会
井上俊・上野千鶴子・大沢真幸・見田宗介・吉見俊哉編　1995　『現代社会学　仕事と遊びの社会学』岩波書店
猪木武徳・連合総合生活開発研究所編　2001　『「転職」の経済学』東洋経済新報社
今村仁司　1988　『仕事』弘文堂
今村仁司　1998　『近代の労働観』岩波書店
岩内亮一編　1975　『職業生活の社会学』学文社
岩田龍子　1977　『日本的経営の編成原理』文眞堂
次世代オフィスシナリオ委員会編　2004　『知識創造のワークスタイル』東洋経済新報社
金井壽宏　2002　『仕事で「一皮むける」』光文社
金井壽宏　2002　『働くひとのためのキャリア・デザイン』PHP 研究所
金井壽宏編　2003　『キャリア・カウンセリング』日本経済新聞社
川端大二・関口和代編　2005　『キャリア形成』中央経済社

河原宏　2006　『日本人はなんのために働いてきたのか』KTC 中央出版
菊野一雄　2003　『現代社会と労働』慶應義塾大学出版会
木村周　1997　『キャリア・カウンセリング』雇用問題研究会
熊沢誠　2006　『若者が働くとき』ミネルヴァ書房
K. クマー（杉村芳美・二階堂達郎・牧田実訳）　1996　『予言と進歩』文眞堂
倉田良樹　1982　「日本的経営論の展開（第 5 章）」現代経営学⑩津田眞澂責任編集『現代の日本的経営』有斐閣
黒井千次　1982　『働くということ』講談社
厚生労働省編　2001　『平成13年版労働経済白書』日本労働研究機構
厚生労働省編　2006　『平成18年版労働経済白書』
高齢者雇用開発協会編　1982　『アメリカにおけるキャリア・ディベロップメント』
三隅二不二編　1987　『働くことの意味』有斐閣
三隅二不二・矢守克也　1993　「日本人の勤労価値観」『組織科学』vol. 26 No. 4
宮城まり子　2002　『キャリア・カウンセリング』駿河台出版会
宮下清　2001　『組織内プロフェッショナル』同友館
宮田安彦編　2001　『フューチャーワーク』フジタ未来経営研究所
宗方比佐子・渡辺直登編　2002　『キャリア発達の心理学』川島書店
村上亮　1975　『産業社会の病理』中央公論社
森岡孝二　1995　『企業中心社会の時間構造』青木書店
中西信男　1995　『ライフ・キャリアの心理学』ナカニシヤ出版
中根千枝　1967　『タテ社会の人間関係』講談社

中根千枝　1978　『タテ社会の力学』講談社
NHK 放送文化研究所編　2004　『現代日本人の意識構造』日本放送出版協会
日本経済新聞社編　2004　『働くということ』日本経済新聞社
日本経団連出版編　2006　『キャリア開発支援制度事例集』日本経団連出版
日本進路指導学会編　1996　『キャリア・カウンセリング』実務教育出版
日本労働研究機構資料シリーズ No. 137　2003　『転職のプロセスと結果（概要）』
日本労働社会学会編　1997　『転換期の「企業社会」』日本労働社会学会年報第 8 号
人間能力開発センター編　1982　『いまなぜ CDP か』青葉出版
根本孝・G.G.J.M. Poeth　1992　『カンパニー資本主義』中央経済社
野中郁次郎　1990　『知識創造の経営』日本経済新聞社
野中郁次郎・紺野登　1999　『知識経営のすすめ』筑摩書房
大久保幸夫編　2006　『正社員時代の終焉』日経 BP 社
大久保幸夫　2006　『キャリアデザイン入門Ⅰ』日本経済新聞社
小川憲彦　2005　「リアリティ・ショックが若年層の就業意識に及ぼす影響」『経営行動科学』第18巻第 1 号31-44頁
大木栄一　1997　「マルチプルジョブホルダーの労働市場」『日本労働研究雑誌』No. 441
岡本祐子　1997　『アイデンティティ発達の心理学』ナカニシヤ出版
奥林康司　1981　『増補労働の人間化』有斐閣
大沢真知子・スーザン・ハウスマン編　2003　『働き方の未来―非典

型労働の日米欧比較』日本労働研究機構
大沢真知子　2006　『ワークライフバランス社会へ』岩波書店
太田肇　1993　『プロフェッショナルと組織』同文舘
太田肇　1996　『「個人尊重の」組織論』中央公論社
太田肇　1997　『仕事人の時代』新潮社
太田肇　2003　『選別主義を超えて』中央公論新社
太田肇　2006　『「外向きサラリーマン」のすすめ』朝日新聞社
小野公一　1993　『職務満足感と生活満足感』白桃書房
小野公一　2003　『キャリア発達におけるメンターの役割』白桃書房
P. オスターマン・T.A. コーキャン・R.M. ロック・M.J. ピオリ（伊藤健市・中川誠士・堀龍二訳）2004　『ワーキング・イン・アメリカ』ミネルヴァ書房
尾高邦雄　1970　『職業の倫理』中央公論社
尾高邦雄　1981　『産業社会学講義』岩波書店
D.H. ピンク（池村千秋訳）2002　『フリーエージェント社会の到来』ダイヤモンド社
J. ロバートソン（小池和子訳）1988　『未来の仕事』勁草書房
蔡芢錫・守島基博　2002　「転職理由と経路、転職結果」『日本労働研究雑誌』No. 506, 38-49頁
櫻井稔　2006　『内部告発と公益通報』中央公論新社
佐々木武夫　2003　『脱工業化社会と職業意識』恒星社厚生閣
佐藤博樹・玄田有史編　2003　『成長と人材』勁草書房
佐藤博樹編　2004　『パート・契約・派遣・請負の人材活用』日本経済新聞社
佐藤博樹・佐藤厚編　2004『仕事の社会学』有斐閣

佐藤博樹編　2004 『変わる働き方とキャリア・デザイン』勁草書房
清水正徳　1982 『働くことの意味』岩波書店
島田燁子　1990 『日本人の職業倫理』有斐閣
E.H. シャイン（松井賚夫訳） 1981 『組織心理学』岩波書店
E.H. シャイン（二村敏子・三善勝代訳） 1991 『キャリア・ダイナミックス』白桃書房
E.H. シャイン（金井壽宏訳） 2003 『キャリア・アンカー』白桃書房
社会経済生産性本部・生産性労働情報センター編　2006 『新社会人白書』
社会政策学会編　2003 『雇用関係の変貌』（社会政策学会誌第 9 号）
N.K. シュロスバーグ（立野了嗣・武田圭太監訳） 2000 『「転職社会」転機を活かせ』日本マンパワー出版
E.F. シューマッハー（伊藤拓一訳） 1980 『宴のあとの経済学』ダイヤモンド社
E.F. シューマッハー（小島慶三・酒井懋訳） 1986 『スモールイズビューティフル』講談社
E.F. シューマッハー（酒井懋訳） 2000 『スモールイズビューティフル再論』講談社
杉村芳美　1990 『脱近代の労働観』ミネルヴァ書房
杉村芳美　1997 『「良い仕事」の思想』中央公論社
鈴木竜太　2002 『組織と個人』白桃書房
寿里茂　1993 『職業と社会』学文社
D. スーパー（日本職業指導学会編） 1960 『職業生活の心理学』誠信書房

諏訪康雄　2002「エンプロイアビリティは何を意味するのか？」『季刊労働法』No. 199, 81-95頁
千石保　1985『現代若者論』弘文堂
宣伝会議1月号別冊　2004『人間会議―職業倫理　良識が社会を変える』
総務省統計局　2003『平成14年就業構造基本調査結果の要約』
田尾雅夫　1987『仕事の革新』白桃書房
高橋俊介　2000『キャリアショック』東洋経済新報社
武田圭太　1993『生涯キャリア発達』日本労働研究機構
橘木俊詔・連合総合生活開発研究所編　1995『「昇進」の経済学』東洋経済新報社
橘木俊詔・橘木研究室編　2003『安心して好きな仕事ができますか』東洋経済新報社
F. テンニース（杉之原寿一訳）1954『ゲマインシャフトとゲゼルシャフト』理想社
田中朋弘　2002『職業の倫理学』丸善株式会社
津田眞澂　1977『日本的経営の論理』中央経済社
津田眞澂　1977『人事革命』ごま書房
東京大学社会科学研究所編　1991『現代日本社会4歴史的前提』東京大学出版会
東京大学社会科学研究所資料第24集　2004『日本版General Social Surveys研究論文集［3］JGSSで見た日本人の意識と行動』
富永健一・宮本光晴編　1998『モビリティ社会への展望』慶應義塾大学出版会

梅澤正　1997　『サラリーマンの自画像』ミネルヴァ書房
梅澤正　2001　『職業とキャリア』学文社
矢島正見・耳塚寛明編　2001　『変る若者と職業世界』学文社
谷内篤博　1998　「日本的雇用システムの合理性と限界」文京女子大学総合研究所『経営論集』第8巻第1号、59-81頁
谷内篤博　2000　「若年層における価値観の多様化とそれに対応した雇用システム」『岐阜を考える　特集：雇用 No. 106』岐阜県産業経済振興センター、46-52頁
谷内篤博　2004　「日本的雇用システムの編成原理と内部労働市場」文京学院大学総合研究所『経営論集』第14巻第1号、21-38頁
谷内篤博　2005　『大学生の職業意識とキャリア教育』勁草書房
谷内篤博　2006　「第3章人的資源管理とIT」鈴木秀一・齋藤洋編『情報社会の秩序と信頼』税務経理協会
山本寛　2005　『転職とキャリアの研究』創成社
山本七平　1984　『勤勉の哲学』PHP 研究所
山崎正和　1990　『日本文化と個人主義』中央公論社
山崎秀夫　2002　『企業ナレッジポータル』野村総合研究所
リクルートワークス研究所雇用政策プロジェクト編　2005　『プロフェッショナル時代の到来』
リクルートワークス研究所　1999　『Works：自営業の復権』vol. 34
2000　『Works：知的資本とナレッジワーカー』vol. 42
2002　『Works：グローバル CU 現象』vol. 53

2004 『Works：人件費マネジメントの未来』vol. 62
2004 『Works：企業内プロフェッショナルの時代』vol. 64
2005 『Works：育て！　ビジネス・プロフェッショナル』vol. 69
労働政策研究報告書 No. 33サマリー　2005 『変貌する人材マネジメントとガバナンス・経営戦略』労働政策研究・研修機構
労働政策研究・研修機構編　2006 『日本人の働き方総合調査結果－多様な働き方に関するデーター－』JILPT 調査シリーズ No. 14
若林満・松原敏浩編　1988 『組織心理学』福村出版
渡辺聡子　1994 『生きがい創造の組織変革』東洋経済新報社
渡辺深　1992 「転職方法」『組織科学』vol. 25 No. 4,72-84頁
1999 「転職とキャリア・ネットワーク」vol. 33 No. 2,57-65頁
1999 『「転職」のすすめ』講談社
2001 「ジョブ・マッチング」『日本労働研究雑誌』No. 495, 19-27頁
渡辺三枝子・ E.L. ハー　2001 『キャリアカウンセリング入門』ナカニシヤ出版
渡辺三枝子編　2003 『キャリアの心理学　ナカニシヤ出版』

著者略歴

1978年　早稲田大学法学部卒業
1992年　筑波大学大学院教育研究科修士課程（カウンセリング専攻）修了。一部上場企業2社の人事部、住友ビジネスコンサルティング（現、日本総合研究所）、三和総合研究所（現、三菱UFJリサーチ&コンサルティング）、文京学院大学（経営学部、人間学部）教授を経て、
現　在　実践女子大学人間社会学部教授（専門分野：人的資源管理）
主　著　『人的資源管理要論』（共編著、晃洋書房、2000）、『大学生の職業意識とキャリア教育』（勁草書房、2005）、『働く意味とキャリア形成』（勁草書房、2007）、『日本的雇用システムの特質と変容』（泉文堂、2008）、『インドネシアとベトナムにおける人材育成の研究』（共編著、八千代出版、2010）、『社会福祉施設の展望』（共編著、文化書房博文社、2011）、『個性を活かす人材マネジメント』（勁草書房、2016）など

働く意味とキャリア形成

2007年2月15日　第1版第1刷発行
2018年3月10日　第1版第6刷発行

著者　谷《や》内《ち》篤《あつ》博《ひろ》
発行者　井村寿人

発行所　株式会社　勁《けい》草《そう》書房

112-0005　東京都文京区水道2-1-1　振替　00150-2-175253
（編集）電話　03-3815-5277／FAX　03-3814-6968
（営業）電話　03-3814-6861／FAX　03-3814-6854
港北出版印刷・松岳社

ISBN978-4-326-65322-5　Printed in Japan

谷内　篤博	個性を活かす人材マネジメント	四六判	二七〇〇円
谷内　篤博	大学生の職業意識とキャリア教育	四六判	二二〇〇円
小杉　礼子	若者と初期キャリア	Ａ５判	三二〇〇円
小杉　礼子　編	フリーターとニート	四六判	一九〇〇円
小杉礼子・堀　有喜衣　編	キャリア教育と就業支援	四六判	二三〇〇円
小杉礼子・堀　有喜衣　編	高校・大学の未就職者への支援	四六判	二五〇〇円
小杉礼子・原　ひろみ　編	非正規雇用のキャリア形成	四六判	二九〇〇円
樋口美雄ほか編	グローバル社会の人材育成・活用	Ａ５判	四五〇〇円
佐藤　博樹・玄田　有史　編	成長と人材	Ａ５判	二八〇〇円
佐藤博樹　編著	変わる働き方とキャリア・デザイン	Ａ５判	二六〇〇円
有賀美和子他編	親子関係のゆくえ	四六判	二四〇〇円
山田　昌弘	家族というリスク	四六判	二四〇〇円
原　ひろみ	職業能力開発の経済分析	Ａ５判	三四〇〇円
江原由美子	ジェンダー秩序	四六判	三五〇〇円

＊表示価格は二〇一八年三月現在。消費税は含まれておりません。